ドイツ

シャフハウゼン
シュタイン・アム・ライン
コンスタンツ
ボーデン湖
フラウエンフェルト
ビュラハ
ルデン修道院
ヴィンタートゥール
ヴィール
バーデン
ザンクト・ガレン
キーブルク城
チューリヒ
ヘリザウ
アペンツェル
ツーク
ラッパースヴィル
チューリヒ湖
オーストリア
グラールス
サルガンス
マイエンフェルト
シェタンス
アルトドルフ
クール
ダボス
シュクオル
トゥルン
ライン川
ディセンティス
ツェルネッツ
アンデルマット
ミュスタイア
ディーフェンカステル
サンタ・マリア
シュプリューゲン
サンモリッツ
マロヤ
ロカルノ
ベリンツォーナ
ルガノ
イタリア
キアッソ

世界歴史の旅

スイス
中世都市の旅

Heritage of World History
Switzerland

森田安一 著

山川出版社

まえがき

　スイスはヨーロッパの中央に位置し、その十字路にあたる。ヨーロッパの四大河川の源泉はスイス・アルプスにある。北へ向かってドイツを経て北海に至るライン川、西に向かいフランスを経て地中海に至るローヌ川、イタリアを貫流してアドリア海に至るポー川、ドナウ川の支流イン川はオーストリアへ流れる。鉄道も自動車も飛行機もなく交通手段が限られた中世では、河川交通はもっとも安全に、多量に商品を運べる手段であった。したがって、河川交通の要には都市が誕生し、あるいは都市が建設された。それゆえ、スイスには中世に都市が密に存在することになった。

　都市の数が居住可能面積に比して単に多いというだけではなく、スイス中世都市はその誕生・形成過程、経済・政治構造、景観、規模などさまざまな点できわめて変化に富んでいる。それだけではなく、スイス盟約者団の形成から連邦国家へ至る歴史においても都市（国家）が重要な働きをしてきた。周辺諸国が国王権力によって国家形成が進められたのとは異なって、一般のスイス・イメージには奇異に思われるかも知れないが、スイスは都市の国といえる。

　確かにスイスにはパリ、ロンドン、ベルリンのような大都市こそないが、住民自治に担われた中世以来の特色ある中小都市が多数存在している。それらの都市はアルプスの山々を背景に、あるいは青々と水をたたえる湖畔に、あるいはライン川やその支流の河岸に位置し、美しい風景に溶けこんでいる。また、隣国のドイツ・フランス・イタリアの都市的雰囲気を備えた都市もあれば、いかにもスイス的なコンパクトにまとまった小都市もある。しかも、スイスはヨーロッパ全域を襲った第二次世界大戦の戦禍を免れたため、貴重な中世の文化財、特に都市や教会、城、修道院がほとんど無傷に残っている。スイス旅行にはアルプスの山々・湖水を眺めるだけではなく、豊かな景観と歴史を持つさまざまな都市を訪問することはきわめて楽しい。

　スイスは言語的・文化的・政治的にきわめて複雑でわかりにくい。キリスト教の聖人名や地名を日本語に置き換えるのにも苦労する。原則的にその土地の言葉で表し、適宜慣用に従った。たとえば、同じ聖人を聖ペテロ、ザンクト・ペーター、サン・ピエールと書かざるをえ

なかった。他にも似た例がたくさんあるが、一番の問題なのはラートハウス（独語）、オテル・ド・ヴィル（仏語）、ムニチーピオ（伊語）の訳語である。単純には現在は市庁舎、中世では市参事会と訳せば良い言葉である。しかし、チューリヒやベルンなどのように、都市国家を形成し、その領域がそのままカントン（州）・チューリヒ、カントン・ベルンとなった場合には、市庁舎という訳は誤りである。たとえば、チューリヒやベルンのラートハウスは現在では市議会とカントン議会が開かれる議事堂であり、市庁舎は他にある。一方、シュタイン・アム・ラインのような小都市の場合にはラートハウスはまさに市庁舎なのである。本書では正確を期すために、煩わしいが、それぞれの言語をカタカナ表記にした。

　本書ではスイスの代表的な都市・修道院・城を取りあげたが、この2年の間に実際に訪れた場所だけに限っている。昔訪れたことのあるアーラウ、ブレムガルテン、アヴァンシュ、ニヨンなどの都市、キーブルクやハルヴィルなどの城も触れるべきであろうが、取りあげなかった。修道院はスイスの歴史に決定的に重要なもののみを紹介した。2年前に巡り歩いたヴェッティンゲン、イッティンゲン、マリア・シュタイン、エンゲルベルクなどの修道院、ツーク、ブリーク、ルガーノなどの都市は残念ながら割愛した。なお、本書に掲載した古地図はチューリヒを除いて、1654年に出版されたマテーオス・メーリアンの『スイス地誌』にある作品である。中世の面影がわかるだけではなく、現在の地図とくらべると、中世都市がどの部分に残っているかがよくわかる。

　スイスに出かけるときには、アルプスの山々だけではなく、是非落ち着いた素朴な町々も味わってはいかがでしょうか。そのために本書が少しでも役立てば幸いです。

　　　2003年9月

　　　　　　　　　　　　　　　　　　　　　　　　　　森田安一

スイス 中世都市の旅　目 次

第Ⅰ部
スイス 中世都市の成り立ち

ケルト・ローマ時代——6
フランク時代——7
中世都市の誕生——9
封建領主による都市建設——11
中世都市の衰退——12
13邦同盟下のスイス——14
スイス革命とナポレオン——16
ウィーン体制下のスイス——17
近代国家スイスの誕生——18

第Ⅱ部
スイスの中世都市を訪ねて

1. ライン川周辺の都市——20
　　チューリヒ——20
　　シャフハウゼン——30
　　シュタイン・アム・ライン——34
　　ザンクト・ガレンの修道院と町——38
　　バーゼル——40

2. ツェーリンゲン家の建設都市——50
　　ラインフェルデン——50
　　フリブール／フライブルク——52
　　ベルン——58
　　ムルテン／モラ——65
　　ゾーロトゥルン——66
　　ルツェルン——70

3. 北東スイスの都市・城・修道院——76
　レンツブルクの城と町——76
　ハプスブルク城——78
　ケーニヒスフェルデン修道院——80
　バーデン——82
　フラウエンフェルト——84

4. 西スイスの都市と修道院——86
　ビール／ビエンヌ——86
　ポラントリュイ——88
　サン・テュルサンヌ——90
　ヌシャテル——92
　グランソンの城と町——96
　イヴェルドン・レ・バン——98
　グリュイエールの城と町——101
　ロモーン——103
　シヨン城——106
　ジュネーヴ——110
　ローザンヌ——114
　シオン——116

5. 南東スイスの都市と修道院——119
　クール——119
　ミュスタイア——122
　ベリンツォーナ——125
　ロカルノ——128

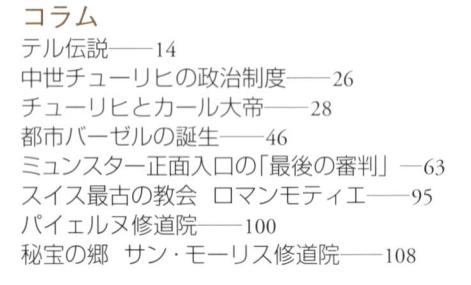

コラム
テル伝説——14
中世チューリヒの政治制度——26
チューリヒとカール大帝——28
都市バーゼルの誕生——46
ミュンスター正面入口の「最後の審判」——63
スイス最古の教会　ロマンモティエ——95
パイェルヌ修道院——100
秘宝の郷　サン・モーリス修道院——108

参考文献／索引

第Ⅰ部
スイス　中世都市の成り立ち

フリブール　サン・ジャン噴水

ヌシャテルと湖

ケルト・ローマ時代

　スイスの国土面積は狭く、その大半はアルプス山脈・ジュラ山脈、多数の湖水・森林で覆われている。アルプス・ジュラ両山脈にはさまれる中部高原は国土のおよそ３割にあたるが、レマン湖からボーデン湖におよぶこの帯状地帯がスイス史の主なる舞台である。

　この地域の中央部分には、スイス内陸湖では最大面積を誇るヌシャテル湖があるが、その北東岸のラ・テーヌからケルト人の遺跡が発見された。刀剣・馬具・車輪・金細工など文化レベルの高さを示す多数の遺物が発掘された。ケルト人が担ったヨーロッパの新鉄器時代をラ・テーヌ文化とよぶ由縁である。ケルト人はさまざまな部族から構成されていたが、スイスの中部平原に定住していた部族はヘルウェティイ族とよばれる。ラテン語でスイスはヘルウェティアと呼称されるが、それはヘルウェティイ族の国という意味である。現在でもスイスの硬貨には「コンフェデラティオ・ヘルウェティカ」とラテン語で表記されている。

　カエサルの『ガリア戦記』によれば、ヘルウェティイ族の地には12のオッピドゥム（都市）があったという。それらの遺構はほとんど残っていないが、ベルン近郊のエンゲ・ハルプインゼルには土塁の一部を見ることができる。アーレ川が複雑に蛇行し、川によって袋状に囲まれた台地上にそれはある。

スイスの地勢

紀元前後のローマ植民都市と軍事施設

遺構から見下ろすアーレ川ははるか眼下に見え、オッピドゥムは鉄壁の城塞に近いものであったことが想像される。

しかし、カエサルはヘルウェティイ族を軍事力で服属させ、この地域にローマ植民都市を建設して支配の拠点とした。紀元前50〜45年頃にカエサルはヘルウェティイ族の勢力圏の南端に位置するレマン湖北岸にコローニア・ユーリア・エキュストリス（「カエサルの騎兵植民地」を意味し、現在のニヨン）を建設した。ヘルウェティイ族の勢力圏の北端にはコローニア・ラウリカの建設計画を立てたが、この都市の建設はカエサルの生前には実現せず、ガリア総督ムナティウス・プランクスによって完成された。その後アウグストゥス（尊厳者）の命でコローニア・ラウリカは梃子入れされ、広大なローマ都市となってアウグスタ・ラウリカ（バーゼル近郊、現在のアウクスト）とよばれた。また、紀元後71年頃には、ヘルウェティイ族の中心地に楔を打ち込む形で、広大なローマ都市アウェンティクム（現在のアヴァンシュ）が建設され、ヘルウェティアの地は完全にローマ帝国の支配下に入った。

ヘルウェティアの地には多数の守備隊駐屯地やローマ人入植地が作られた。代表的な軍営地としてはウィンドニッサ（現ヴィンディシュ）が建設されている（→p.81）。ここはアーレ川とロイス川の合流する地点の台地で、ケルト人のオッピドゥムがあったが、紀元後15年頃にローマ軍の守備隊駐屯地が作られ、紀元後2世紀末にはローマ軍の巨大な軍営地になった。その他トゥリクム（現チューリヒ）、ゲナウァ（現ジュネーヴ）、エンゲ・ハルプインゼルなどにもローマ人入植地があった。

フランク時代

ローマの支配はそれほど長く続かなかった。3世紀初頭にはゲルマン人の南下の脅威にさらされ始めた。ゲルマン人の一部族であるアレマン人はアウェンティクムを260年に攻略した。その後アウェンティクムは居住地域を縮小せざるをえなくなった。アウグスタ・ラウリカも275年に侵略を受け、破壊されてしまった。

西ゴート王アラリック（在位395〜410）が帝都ローマを脅か

バーゼルのラートハウスにあるムナティウス・プランクス像

アヴァンシュの円形闘技場

すと、ヘルウェティアの地からローマ軍団は引き上げ、ローマ防衛に向かった。401年以降にはローマ支配を示すローマ貨幣、ラテン語碑文はスイスの地には見出されず、ローマ支配は終焉を迎えた。かわって西スイス地域にはブルグント人が定住し、ブルグント王国(443〜543)を建国した。のちにあらためて新(高地)ブルグント王国(888〜1032)が形成されるので、ゲルマン人移動後のこの王国は古ブルグント王国とよばれる。国王ジギスムント(在位516〜524)はカトリック(アタナシウス派)に改宗し、教会施設の整備をした。ジュネーヴのサン・ピエール聖堂(→p.111)、サン・モーリスの修道院(→p.108)を建設し、西スイスにキリスト教を早々と定着させた。このブルグント王国の地域はのちにフランス語圏スイスとなった。

一方、東スイスには東ゴート王国ののち、アレマン人が進出して公国を形成した。アレマン人のキリスト教化に大きく貢献したのは、アイルランド人修道士コルンバヌスたちであった。彼の随行者であったガルスがボーデン湖の南の森に庵を結んだ跡にはザンクト・ガレン修道院が建設された。アレマン人が居住した東スイスはドイツ語圏を形成した。

アレマン公国もブルグント王国も結局はフランク王国の力に屈し、スイス地域は8世紀中頃にカロリング朝の支配下に入った。カロリング諸王は多数の修道院をスイス各地に建設し、所領を修道院に寄進した。王が修道院長の任免権を持つかぎり、寄進した所領を間接的に支配することができた。官僚制のない時代には有効な支配方法で、修道院政策とよばれる。世界文化遺産となっているミュスタイア修道院はカール大帝(皇帝在位800〜814、フランク王としては768〜814)の峠政策とは無縁ではない。現在のスイスの南東部、グラウビュンデン地方を抑え、アルプスの南へのルートを確保することを目的としていた。

カール大帝死後にフランク王国が分割される(ヴェルダン条約、メールセン条約)と、国境分割線がスイス上を走ることになり、スイスの地は政治の脚光をあびることになった。とくに東フランクの諸王は修道院だけではなく、各地に王宮(プフ

ミュスタイア修道院

ァルツ）をかまえた。ここでいう王宮は絶対王政時代の広壮・豪華な宮殿ではなく、城塞に等しい建物である。962年に神聖ローマ帝国が成立したあとでも、皇帝・国王はまさに「旅する王」であり、生涯の大半を巡行していた。順次王宮や王支配下の修道院を訪ね歩きながら、統治をしていた。通信・交通手段が不十分であった時代には、宮廷自らが移動して統治をせざるをえなかったのである。

中世都市の誕生

　10世紀以降ヨーロッパは、政治的・経済的に安定し始め、フランク時代には見る影もなかった都市が誕生してきた。たとえば、東フランク王国の西南隅にあって、政治地理学的に極めて重要であったチューリヒには王宮とフラウミュンスター（女子修道院）が建設されていた。王宮や修道院の周辺には、それらに仕えるミニステリアーレン（国王役人や修道院の家人など）が住み、小さな市場も形成されていたに違いない。神聖ローマ帝国が成立して、次第に交易が盛んになると、その市場を目当てに商業の担い手たちも集住してきた。こうして王宮や修道院を核にして次第に人々が多く定住し、「都市的集落」が形成されていった。地中海貿易が活性化し、ヨーロッパ各地に特産品が生産されて、貨幣経済が進展すると、こうした「都市的集落」から各地に中世都市が誕生してくる。スイス領域にも比較的早く中世都市が成立してくる。スイスは

工科大学テラスから見たチューリヒ

レマン湖とジュネーヴ

シオン

シュタイン・アム・ラインの聖ゲオルク修道院

ヨーロッパの十字路にあり、交易の要（かなめ）の位置にあったからである。

　このようにして誕生してきた都市はその発生形態から自然成長型都市と名づけられるが、王宮・修道院を核にしただけではなく、神聖ローマ帝国の皇帝やブルグント王から多くの所領を与えられた司教の城館を核にしても同様の形態の都市が生まれた。

　スイス中世時代には司教座聖堂は、バーゼル、ローザンヌ、シオン、ジュネーヴ、クールの５カ所にあったが、ヨーロッパのほかの国々とは異なり、司教座は必ずしもすべて古代ローマ都市に設定されなかった。当初アウグスタ・ラウリカやアウェンティクムに司教はいたが、それぞれバーゼル、ローザンヌに司教座は移された。バーゼル、ローザンヌそれにシオンの3司教は高地ブルグント王国内にあり、世俗的支配権を強めた。その理由は、ブルグント王が弱体で、それをカバーするために司教を支配の道具（教会政策）に利用したからである。999年にはシオン司教にヴァリスの支配権（伯権力）を、1011年にはローザンヌ司教にヴォーの支配権（伯権力）を与え、バーゼル司教にはジュラ地方の所領を与えた。世襲制でない司教権力を利用して、国王に不服従な在地の封建領主に対抗させようとした。それゆえに、ブルグント王国のあった地域

では強力な教会統治がおこなわれることになった。こうして司教のお膝元にも都市が誕生した。

一方、修道院はこの時代はすべてベネディクト会修道院であった。代表例はザンクト・ガレン修道院、シャフハウゼンのアラーハイリゲン（万聖人）修道院、シュタイン・アム・ラインの聖ゲオルク修道院があるが、それらの有力修道院も都市誕生の核になっている。

これらの自然成長型の都市はすべてほぼ11世紀中に成立したが、次の世紀には別の形態の都市が誕生する。

封建領主による都市建設

12世紀は大建設都市の時代とよばれ、フリブール、ベルン、ムルテン、ブルクドルフ、トゥーンなどの都市が建設されている。これらは、叙任権闘争後に勢力を強めたツェーリンゲン家が南ドイツからスイスに進出して、建設した都市群である（→p.50）。ツェーリンゲン家は神聖ローマ帝国に吸収されたブルグント王国の皇帝代理者の地位を1127年に得て、ジュラ山脈とレマン湖にはさまれた地域の支配を確立するために、領国支配の観点からこの地域に多数の都市を建設したのである。これらの都市はたんに市場目当ての都市ではなく、政治・軍事拠点として建設され、城塞をも備えていた。

ツェーリンゲン家の支配のおよばなかった他のスイス地域では、12世紀後半にスイスの代表的観光都市ルツェルンが建設されている。エルザス地方の有力修道院ムールバハの修道院が建設した都市である。ルツェルン近隣の領主エッシェンバハ家出身者が修道院長となり、その所領の経営の核にルツェルンを建設したのである。

ツェーリンゲン家が1218年に断絶すると、東スイスにはキーブルク家が台頭した。そのキーブルク家も1264年に断絶するが、13世紀にはアールガウに本拠地を持ったハプスブルク家、レマン湖を越え北上してきたサヴォワ家、その他の弱小諸侯や司教たちが自己の所領の拡大・保全を目的に競って、城塞を備えた都市を建設した。大多数の中世都市がこの13世紀に建設された理由はここにあるが、これらの建設都市群は

フリブール

トゥーン

ルツェルンの町とリギ山

12世紀の大型の建設都市に対して小建設都市と総称される。

中世都市の衰退

　スイス中世都市を研究したフリュキガーによれば、スイスには197の中世都市が存在していたという。それらを成立年代別に見ると、11世紀に17都市、12世紀に18都市、13世紀に152都市、14世紀に10都市が成立している。13世紀に中世都市全体の約77％が成立したことになり、13世紀は都市の世紀といわれる。ところが、14世紀に入ると、スイスの場合には都市の誕生はほとんどなくなり、逆に都市が衰退したり、都市が消滅したりしている。現在スイスの主要都市の多くは、11世紀のいわゆる自然成長型と12世紀の大建設都市の都市類型に属している（見返し地図参照）。

　多くの小都市が衰退・消滅した理由は、神聖ローマ帝国内でスイス盟約者団が次第に自立の道を歩み出したからである。1291年に中央スイスのウーリ、シュヴィーツ、ウンターヴァルデンの渓谷（農村）共同体が「永久同盟」を結び、次第に帝国都市と同様に「自由と自治」を確保していった。スイス形成の出発点となったこの三つの地域を原初三邦とよぶ。原初三邦は14世紀に順次ルツェルン（1332年）、チューリヒ（1351年）、グラールス（1352年）、ツーク（1352年）、ベルン（1353年）といった有力な都市と同盟を結んでいき、八つの地域（邦）からなる八邦同盟を形成した。農村邦と都市邦が自治を守るために相互扶助を求めて同盟した。この同盟がスイス盟約者団とよばれる。スイス盟約者団に結集した地域は協力して、ハプスブルク家やサヴォワ家といった封建諸侯をスイスから追い出すことに成功してゆく。その結果、封建勢力の後退によって、その勢力維持のために建設された小都市は衰退し、有力都市は競争相手となる都市を保護することはなかった。有力都市は広い領域を支配する都市国家を形成し、小建設都市の多くは消滅していった。

　八邦同盟は1481年まで基本的に変化しなかったが、15世紀末から16世紀初頭に大きな変化が生まれることになった。

ベルンの夜景

スイス 中世都市の成り立ち

テル伝説

ウィリアム・テルはスイス建国の伝説的英雄である。ハプスブルク家の代官ゲスラーの極悪非道な圧制に抵抗するテルの姿は自由のシンボルであった。代官は権威の象徴として自分の帽子を棒の上に置かせ、住民に敬礼を強制した。テルは息子と話し込み、帽子の前をたまたま敬礼しないで通り過ぎてしまった。それをとがめた代官は、テルに愛する息子の頭上にリンゴを置かせ、テルにそれを射落とすことを命じた。弓の名手であるテルはみごとにリンゴを射落としたが、失敗したときには二の矢で代官を射殺することを決心していた。それを代官に見抜かれて、テルは囚われの身になった。代官の城に船で運ばれる途中、嵐を利用して脱出し、代官一行の先回りをして、得意の弓で代官を射殺した。これを合図に原初三邦の住民が代官城を襲撃して、自由を獲得したのである。

原初三邦が「自由と自治」を獲得する抵抗運動の中でテルが重要な役割を果たすストーリーだが、リンゴを射落とす話と暴君殺しが組み合わされた話は1470年頃にはじめて『ザルネンの白書』という史料に出てくる。ゆるい結合体であるスイス盟約者団を強い絆で結びつける必要からテル伝説は成立してきたと考えられる。たんに自由のシンボルではなく、スイス統合のシンボルなのである。

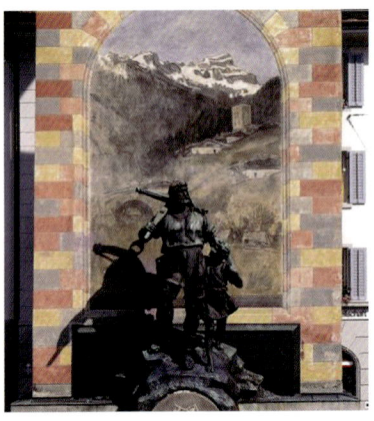

テルの像

13邦同盟下のスイス

ブルゴーニュ戦争（1474～77）はスイス盟約者団に大きな転機をもたらした。ブルゴーニュ公家のシャルル豪胆公（ごうたん）（在位1467～77）は独仏間に北海から地中海に至る新王国を形成しようとして、スイスにも進出してきた。1476年のグランソン、ムルテンの二度にわたる戦いにおいて、スイス盟約者団は大勝利を収め、シャルルの侵略を防いだ。その翌年にはロートリンゲン公の援軍要請を受けて、盟約者団は軍を遠く国外に派遣し、ナンシーの戦いでシャルルを戦死させた。スイス盟約者団は日の出の勢いを誇ったシャルルを撃破した結果、ヨーロッパの強国の仲間入りをした。

この戦争に貢献したのはベルン邦とその盟邦であったフリブール邦とゾーロトゥルン邦であった。この両邦はブルゴーニュ戦争時には盟約者団のいわば準メンバーで、従属邦の地位にあった。従属邦とは周辺の有力封建領主から自立した独自の邦を形成しているが、その自立を確保するためにスイス盟約者団に援助を求め、やや不利な条件で同盟を求めた邦である。ブルゴーニュ戦争の勝利に貢献したことを機会に、フリブール邦とゾーロトゥルン邦は1481年に正式メンバーとしてスイス盟約者団に加盟した。

　その後1499年には、スイスの10邦はハプスブルク家出身の神聖ローマ皇帝マクシミリアン1世（在位1493～1519）と対決し、シュヴァーベン戦争を戦った。スイス盟約者団はスイスの旧領の支配回復をはかったマクシミリアンの軍をドルナハの戦いとカルヴェンの戦い（→p.120）で破り、スイスの事実上の独立を勝ち取った。この戦争の勝利を機にライン川の河畔に位置するシャフハウゼンとバーゼル両邦が盟約者団に加盟した。この結果、盟約者団内部の都市邦の比重が強まったので、1513年にそれまで従属邦であった農村邦アペンツェルを正式に盟約者団に加え、13の地域（都市邦・農村邦）の同盟体が成立した。この13邦同盟の体制は1798年まで存続する。

　この13邦同盟下でも、いくつかの従属邦は存在した。従属邦にはジュネーヴ、ザンクト・ガレン、ビールといった都市もあれば、ザンクト・ガレン修道院長やヌシャテル伯といった諸侯クラスもあった。

　他方、盟約者団諸邦によって共同で支配される領地「共同支配地」もあった。「共同支配地」はもともと諸侯が支配する領地であり、諸侯にかわって盟約者団諸邦が共同で統治するようになった支配地のことである。たとえば、トゥールガウはハプスブルク家の、ティチーノはミラノ公の支配地であった。その中心都市、フラウエンフェルトやベリンツォーナはそれぞれ「共同支配地」の支配のための拠点となり、盟約者団の代官が常駐する所となった。

　以上のように、13邦同盟時代のスイスは、正規のメンバーである13邦だけのほぼ対等の同盟関係で成り立っていたわけ

ではない。そこには極めて錯綜した複雑な支配関係もあった。そのうえ、16世紀以降に宗教改革を導入した邦とカトリックにとどまった邦の間で厳しい宗派対立が生まれた。とくに諸邦が共同で支配した「共同支配地」ではどちらの宗派をとるかで対立が生じ、繰り返し諸邦間で宗教戦争が起きた。それぞれ二次にわたって、カペル戦争（1529、30年）とフィルメルゲン戦争（1656、1712年）が戦われた。その後も宗派対立は解けず、対立は長く続いた。

スイス革命とナポレオン

　フランス革命の影響はスイスにもおよんだ。「共同支配地」では住民は一方的に支配されており、都市邦では農村部の住民が都市による支配に不満をいだいていた。フランス革命の自由・平等の精神はこれら不満をいだいた住民に浸透し、スイスでも各地で革命運動が起きた。フランスの軍事力に支えられて革命に成功して、1798年に中央集権的なヘルヴェティア共和国が誕生した。

　ヘルヴェティア共和国はフランス総裁政府の体制を導入したが、スイス盟約者団は13世紀以来ずっと各邦の自治を守るために同盟してきた長い歴史があり、中央集権の採用はまったくスイスの歴史的伝統を無視したものであった。それゆえまたたく間にヘルヴェティア共和国は地域間・階層間の対立を生んで混乱に陥り、極めて短命に終わった。この混乱を調停するという名目で、ナポレオン1世はスイスに介入して、中世以来の体制に近い姿をとらせる調停をおこなった。

　これまで「共同支配地」や従属邦などの地位にあったアールガウ、トゥールガウ、ティチーノ、ヴォー、ザンクト・ガレン、グラウビュンデンは自立したカントンとして認められた。これらのカントンでは革命思想に根ざした政治制度が取り入れられた。カントンとは旧来の邦（ドイツ語のオルト）にかえて、ナポレオンが導入した言葉である。これを日本ではしばしば州と訳しているが、カントンは現在でも主権を持つ存在で、この頃はミニ国家に近い政体をとっていた。したがって、旧来の13邦に6カントンが加えられ、19カントンのミニ

カントン地図

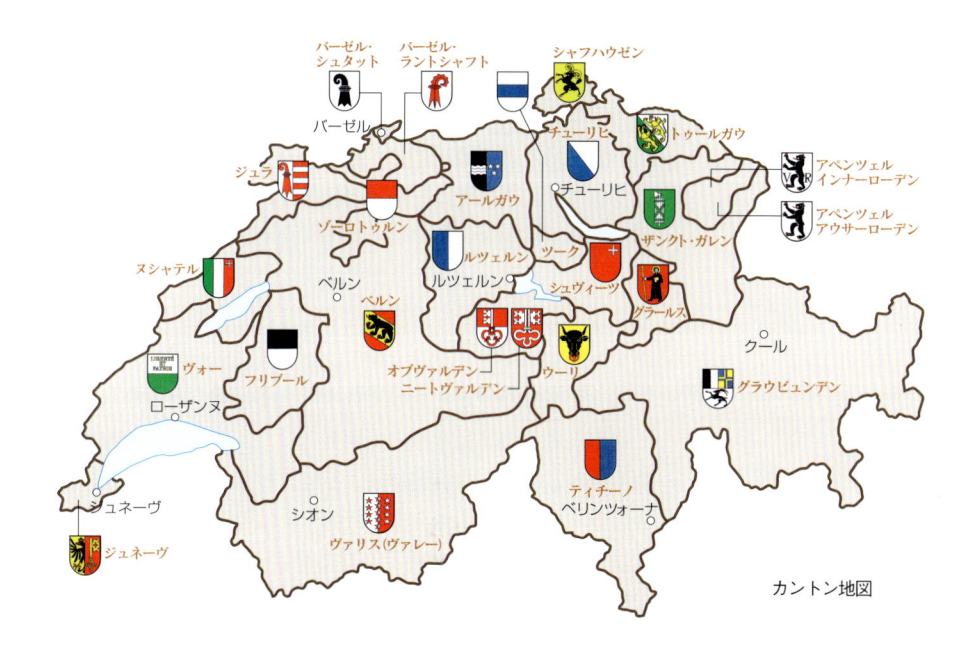

国家連合がここに生まれた。ただし、これまでにはない知事制が導入された。この知事をつうじて軍事・外交面でナポレオンは自らの意向を直接反映できた。この時期のスイスはまさにナポレオン帝国の衛星国家であった。

ウィーン体制下のスイス

ナポレオン体制が崩壊し、ヨーロッパ全体がウィーン体制下におかれると、スイスにも保守反動の波が押し寄せた。ナポレオン帝国の直接支配下におかれていたジュネーヴ、ヴァリス（ヴァレー）、ヌシャテルの三地域はスイスに返還され、自立した正式のカントンとなった。ただし、ジュラ地方はベルンに帰属させられた。ウィーン体制下のスイスは22カントンの同盟体として再発足した。同盟はカントン相互の憲法体制と領土の保全を保証し合い、共同の外交・軍事を目的に結ばれた。各カントンは現在のヨーロッパ連合の国々より自立した関係にあった。

こうした同盟体制のスイスに対して、1815年に当時の五列強（墺仏英晋露）が「スイスの永世中立とスイス領土の不可侵

性の承認と保証に関する文書」に署名し、スイスの永世中立がここに国際法上承認された。

近代国家スイスの誕生

　1847年、スイスでは分離同盟戦争が勃発した。22カントンの同盟体制下のスイスでは、都市・農村間の経済的対立、カトリック・プロテスタント間の宗教的対立、自由主義急進派と保守派の政治的対立が複雑にからまっていた。そうした中で主としてカトリック諸カントンが保護同盟を結び、自分たちの立場を守ろうとした。これを「分離同盟」とみなしたスイス盟約者団会議は軍事力で解体させた。この戦いを分離同盟戦争とよぶが、会議側は主としてプロテスタント・自由主義急進派が支配するカントンであった。翌48年にヨーロッパ全域でも革命の大波が押し寄せるが、その前にスイスでは、保守派、つまりスイス盟約者団の中心を形成してきた農村邦・カトリック派が敗退していた。48年6月、スイス盟約者団会議は連邦国家体制を定めた憲法草案を可決した。7・8月にカントンで住民投票にかけられて、憲法は承認された。住民自治を重視した近代国家スイスが誕生した。

　この48年憲法は、1874年に全面改正をされたのち、毎年のように部分改正を繰り返して、1999年まで存続した。現在の新連邦憲法は2000年1月1日に施行されたものだが、1848年の憲法の精神は十分に引き継がれている。なお、現在スイス連邦を構成しているカントン数は26である。旧憲法下でも22カントンのうち、ウンターヴァルデンがオプヴァルデンとニートヴァルデンの2半カントンに、アペンツェルがインナーローデンとアウサーローデンの2半カントンに、バーゼルがシュタット（都市）とラントシャフト（農村）の2半カントンに分かれていた。半カントンは独自の憲法と一定の主権を持ち、盟約者団への政治的権限を他のカントンの半分（半票）認められている。さらに、カントン・ジュラが1979年にベルンから独立して、1カントンふえた。

　現在スイスはEU（ヨーロッパ連合）に加盟していないが、ユーロは観光にはほとんど使用できる。

第Ⅱ部
スイスの中世都市を訪ねて

ルツェルン

1. ライン川周辺の都市

　ライン川周辺には11世紀に誕生した自然成長型都市の代表例が多数見られる。中世において河川交通は極めて重要であった。船の利用によって、陸上運搬には比べられない大量の物資を運ぶことができたからである。しかも、陸路と異なって盗賊に会う危険も少なく、比較的安全であった。もっとも陸上交通がなくなったわけではなく、河川の多いスイスでは安全な場所で渡河する地点が求められた。ライン川やその支流はスイスの地域では比較的流れが速く、自然に流れのゆるやかになる場所が陸上交通と河川交通の接点となった。そこは商品の荷揚げや積換えの場所となり、商人や商品運搬にかかわる人々が集住した。中世の統治者はそこに税関を設定し、市場を開いたため、都市が誕生することになった。ライン川のほとりでは、司教宮廷を中心としたバーゼル、修道院を核としたシャフハウゼン、シュタイン・アム・ラインがその例である。チューリヒ湖からライン川の支流リマト川が流れ出る両岸に生まれたチューリヒは王宮と修道院を核に都市集落が形成された。

　ザンクト・ガレンは川や湖のほとりに位置していないが、修道院の門前町として早い時期に都市形成が進んで、自然成長型都市の範疇に入り、地域的にライン川に近いのでここでふれたい。

チューリヒ　Zürich
―豊かな歴史を持つ都市―

　チューリヒはスイスの経済・金融の中心都市である。**チューリヒ中央駅**を降り、右（南西入口）に出ると、**アルフレート・エッシャー(1819～82)の大きな銅像**が建っている。彼は19世紀中葉以降のスイスの政治・経済を指導し、クレディ・スイス銀行を設立した人物である。彼の顔が向いている方向に**バーンホーフ**(駅前)**通り**がある。いわばチューリヒの銀座通りで、チューリヒ湖まで1kmほど延びている。自動車は走らず、市電(トラム)と歩行者だけの専用道路で、ゆっくりショッピングができる。

　この通りをしばらく歩くと、右側に**ペス

チューリヒ中央駅を背にしたエッシャー像

チューリヒ駅前通り

ペスタロッチ像

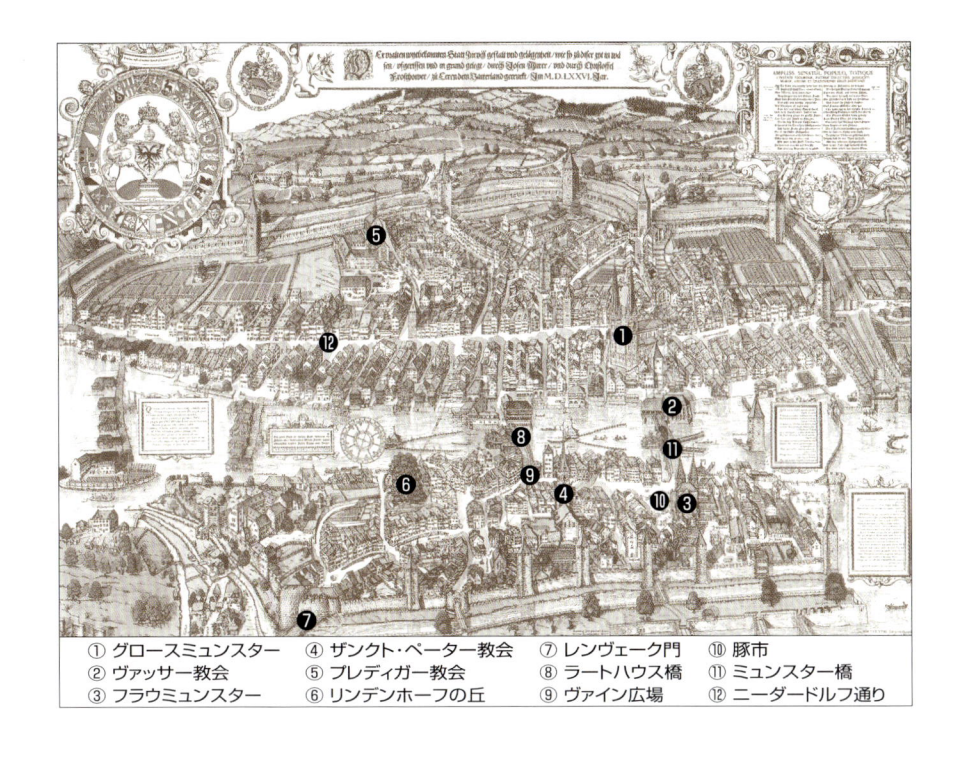

① グロースミュンスター　④ ザンクト・ペーター教会　⑦ レンヴェーク門　⑩ 豚市
② ヴァッサー教会　　　　⑤ プレディガー教会　　　⑧ ラートハウス橋　⑪ ミュンスター橋
③ フラウミュンスター　　⑥ リンデンホーフの丘　　⑨ ヴァイン広場　　⑫ ニーダードルフ通り

ライン川周辺の都市

ヴァッサー教会(川岸)とグロスミュンスター

タロッチの銅像が見える。スイスの生んだ教育者の銅像や記念碑はスイスでは至る所でお目にかかる。しばらく進むと大きな交差点に出るが、ここにはかつてレンヴェーク門があった。ここから先のバーンホーフ通りは中世都市時代の堀を埋め立てて造られた部分である。時計店、貴金属店が軒を並べており、その先には銀行街がある。

　先に進まず、バリー本店を右に見ながら、左に折れてレンヴェーク通りに入ろう。しばらく歩いて左の道(フォルトゥーナ小路)へ曲がり、坂を上がって右の階段を登ると、リンデンホーフの丘に出る。氷堆積によってできたリマト川左岸の丘で、ここからはケルト人やローマ人の遺跡物が多数発掘されている。また、東フランク時代には王宮が建設されていた所で、チューリヒの誕生の核になった場所である。今は広場になって、リンデン(菩提樹)の木々に覆われていて、絶好の休憩地である。そこからはリマト川、対岸の旧市街、対岸の丘の上に立つチューリヒ大学や連邦工科大学の建物が見える。また、広場の中央にはチューリヒのジャンヌ・ダルク像がある。1292年にハプスブルク軍にチューリヒが攻められた危機のときに活躍した伝説の女性である。

〈中世都市チューリヒの誕生〉

　リンデンホーフの丘でチューリヒの誕生に想いを馳せておこう。カール大帝の孫にあたるルートヴィヒ・ドイツ王(在位843〜876)は853年に自分の娘のために女子修道院をチューリヒに建立した。ルートヴィヒはこの修道院に対してチューリヒ周辺だけではなく、ウーリ地方の広大な王領地を寄進し、修道院を利用した王領経営、いわゆる修道院政策(→p.8)を実施した。この当時、戦って奪い取った土地を下手に臣下に委ねれば、ふたたび自分の統制できない領地になってしまう可能性が高かった。そこで、その所領を修道院に寄進し、そのうえで、その院長に自分の意のつうじる人間を選んだ。こうしておけば、人事権を握っているかぎり、寄進した土地を間接的に支配することができた。いわば中世の「官僚制」である。843年のヴェルダン条約によって

フランク王国が分割され、チューリヒは東フランクの国境近い要衝の地になっていたので、国境の安全をはかる必要に迫られていたのである。

修道院の建設された場所は、リマト川右岸の小高い所、現在のグロースミュンスターのある所であった。そこにはチューリヒの都市聖人フェーリクスとレグーラの墓地があったといわれる。フェーリクスとレグーラは熱心なキリスト教徒で、ローマ皇帝マクシミリアーヌス(共同統治の西帝在位286～305)による有名なキリスト教迫害にあった。彼らは皇帝代理者のデキウスによる激しい弾圧にもかかわらず、皇帝崇拝を拒否し、棄教しなかったので、リマト川の小島で首を刎ねられ、殉教した。彼らは刎ねられた自らの首をかかえて、リマト川右岸の高台まで40歩歩いたという。そこが彼らの墓地となり、さまざまな障害者が治癒を求めて巡礼に訪れたといわれる。その場所にルートヴィヒは娘のための修道院を建設したのである。一方、首が刎ねられた小島にはヴァッサー(水の)教会が建てられている。

ルートヴィヒの次の王、カール肥満王(在位876～887)は874年にこの女子修道院をリマト左岸に移し、巨大な修道院を建てた。これが現在のフラウミュンスターの前身となる。もとの右岸には男子共住修道会が作られ、グロースミュンスターの前身となった。おそらくこの頃にリンデンホーフに王宮も作られたと考えられる。男女の二重修道院と王宮を結ぶ三角形の地域に、修道院や王宮に仕える役人や手工業者は居住し、その中心に教区教会としてザンクト・ペーター教会が造られた。ラートハウス(市

ザンクト・ペーター教会(右手前)とフラウミュンスター(後方左)

参事会館)橋の左岸にあるヴァイン(ブドウ酒)広場と右岸の市参事会館周辺に商人たちも集まり、市場が開設されて、次第に都市チューリヒが誕生してくるのである。典型的な自然成長型の都市形成をここに見ることができる。

〈リマト川左岸地域〉

リンデンホーフの丘を登ってきた階段とは反対の道を下りると、**ザンクト・ペーター教会**に行ける。この教会の塔はヨーロッパで一番大きな時計を備えており、時針は3m7cm、分針は3m98cmもある。14世紀中頃より塔上監視人がいて、火の見櫓(やぐら)の役割をするとともに、トランペットで時を告げていた。教会内部は宗教改革のときに徹底的に偶像破壊されたうえ、18世紀初頭に大改築されているので、見るべき美術品はほとんどない。しかし、内部は典型的な改革派教会の様子を示し、内陣入口の中央高くに説教壇がある。偶像ではなく、説教を重視した宗教改革の精神が読み取れる。

ライン川周辺の都市

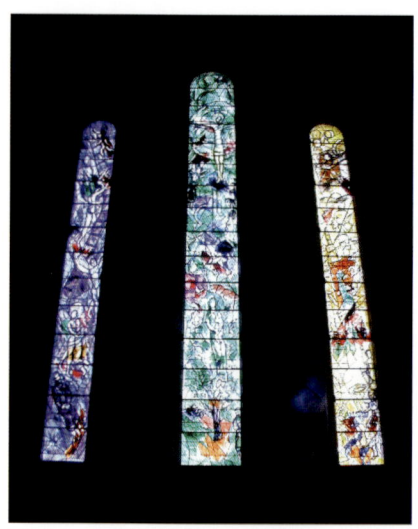

フラウミュンスター内「キリストの窓」

マイゼ会館

　ザンクト・ペーター教会からさらに南に下ると、フラウミュンスターに出るが、このあたりはチューリヒのもっとも古い街区で、中世の雰囲気を色濃く漂わせている。フラウミュンスター横の広場(ミュンスター・ホーフ)は1667年まで豚市が開かれていたが、この広場には二つの見応えがある**旧ツンフト会館**がある。北西の角に1357年に建築され、17世紀30年代に改築されたツア・ヴァーグ(天秤)と18世紀中葉に建てられたマイゼ(シジュウカラ)の会館である。前者は毛織物・亜麻布織物などに関連する職種のツンフトで、後者はブドウ酒関連職種で比較的裕福な商人を含むツンフトである。マイゼ会館はバロック様式の瀟洒な建物で、内部にはロココ様式の天井画や炉がある。2階は国立博物館の陶磁器部門の展示室になっていて、18世紀の美しい磁器やファイアンス(軟質の陶器)を見ることができる。

　フラウミュンスターは9〜13世紀に五度の建築段階にわけて造られ、代表的なロマネスク・ゴシック様式の教会である。しかし、16世紀のツヴィングリの宗教改革の結果徹底した偶像破壊がおこなわれて、見るべき美術品は少ない。それを補う形で、アウグスト・ジャコメッティとマルク・シャガールの素晴らしいステンドグラスが見られる。ジャコメッティの作品は北側の翼廊にある。神・キリスト・預言者たちを描いたもので1944〜45年に造られた。それから20年以上たって、内陣の改修にあたってシャガールが五つの窓に、それぞれ赤・青・緑・黄・青の色調でステンドグラスを作成した。中央が「キリストの窓」で、キリストの生涯が描かれている。

　フラウミュンスターの前には、リマト川に架かる**ミュンスター橋**(中世には「上の橋」とよばれていた)があるが、その袂に大きな騎馬像がある。15世紀後半に活躍した市長ハンス・ヴァルトマンの雄々しい姿である。彼は一介の毛皮商人としてチューリヒへやってきて、市民権を獲得し、そして市長になったヨーロッパ中世都市・市民の流動性を示す好例の人物である。チューリヒの政治的地位を高めるのに貢献したが、厳しい農村支配をした結果、反乱に遭い、最後は市民からも反感を買って、処刑されている。

　ここから橋を渡らずに、マイゼのツンフ

ト会館の裏を通って、リマト川岸を下っていこう。リマト川の対岸を川越しに見る景色は素晴らしい。しばらく歩くと、ヴァイン（ブドウ酒）広場、ラートハウス橋に出る。

〈リマト川右岸〉

ラートハウス（市参事会館）**橋**（中世の「下の橋」）は現在は幅の広い立派な橋になっているが、中世以来ここでは野菜市が開かれている。この橋の両方の袂あたりは中世の政治・経済・市民生活の中心で、ラートハウスの周りには魚市場、屠殺場（肉屋）、パン売場があった。今の状況からはとても想像ができない。

最初の**ラートハウス**（市参事会館）は史料上では13世紀中頃には確認できるが、視覚史料（絵画）で確認される二番目のラートハウスは、都市の政治・経済が栄えた1400〜01年に完成し、16世紀に改築された。現在のラートハウスは1694〜98年に再建された第三番目のもので、バロック様式の重厚な感じの建物になっている。

ラートハウス橋からリマトケ通りを横切って、マルクト小路を少し進んで右に折れると、ミュンスター小路で、グロースミュンスターに至る。マルクト小路を左に曲が

ハンス・ヴァルトマン像

ラートハウス（左端）とリューデン会館（中央右寄り、右の青と白のチューリヒの旗のたっている建物）、大工のツンフト会館（右端）

ってそのまままっすぐ進むと、チューリヒの歓楽街であるニーダードルフ通りになる。チューリヒで最高のレストランといわれる**鍛冶屋のツンフト会館**で右へリンダーマルクト（牛市の名を持つ通り）に入ると、12番地に**エップフェルカマー**という古いビストロがある。19世紀のスイスを代表する作家ゴットフリート・ケラーもしばしば通った場所である。彼の作品には『緑のハインリヒ』など日本語訳も多い。

リンダーマルクトをそのまま行くと、ノイマルクト（新市の名を持つ通り）とシュピーゲ

リマト川左岸　リンデンホーフ（右）、ザンクト・ペーター教会（中央）、フラウミュンスター（左）

ライン川周辺の都市　25

ロイストの家内部の後期ゴシック様式の装飾

ル(鏡)小路にまじわる小広場に出る。ノイマルクト4番地は現在**チューリヒ都市文書館**になっているが、この建物の基礎は1300年に遡る。16世紀前半には親子して市長になったマルクス、ディートヘルム・ロイストが住んでいた。当然宗教改革に強い関連のある市長たちである。建物内部は後期ゴシック様式が部分的に見られる。

ノイマルクトを先に進むと、27番地には**ケラーの生家**が残っているが、シュピーゲル小路の入口には初期ゴシック時代の塔**グリメン塔**がある。そこの坂を登っていくと、14番地にはロシア革命の指導者レーニンが革命に赴く直前まで居住していた家がある。坂を下って1番地、ミュンスター小路に出た所に昔あったパブはダダイズム発祥の場所である。ここで左に折れてミュンスター小路を行けば、グロースミュンスターに行ける。

しかし、元に戻って、リマトケ通りをリマト川沿いに遡っていけば、多数の旧ツンフト会館に出会う。中世以来の建物ではないが、小物商関連の**サフラン・ツンフト**(1723年築)、建築関連の**大工ツンフト**(1708年築)、都市貴族(コンスターフェル)の**リューデン会館**(1662年築)などがある。こ

中世チューリヒの政治制度

チューリヒでは1336年にツンフト革命が騎士ルドルフ・ブルンの指導によって起こされた。それまで市政に参与できなかった小商人・手工業者が、それ以降市政に参加できるようになった。市内のすべての職種(例外が2職種あったが)が13のツンフトに職種別に振り分けられ、ツンフト長がその中から選ばれ、市参事会員となった。それまで市政を牛耳っていた都市貴族と同数の市参事会員が手工業者層から選出され、市政を担当した。が、小商人・手工業者層から選出される人数は時代とともにふえ、中世封建制社会にあって極めて民主的制度が定着した。ツンフトは複数職種からなる場合が多かったが、市政担当者の選出母体であっただけではなく、軍事・消防の部隊単位ともなった。また、ツンフトはその構成員の社交・相互扶助の組織でもあり、市民生活の中枢の組織であった。

スイスや西南ドイツにおけるツンフトはこのような政治団体の色彩を持ち、経済団体の色彩の濃いギルドとは異なっている。

リューデン会館、レストランの看板とチューリヒの旗

ツヴィングリ像

グロースミュンスター

れらの会館は現在レストランとなっているが、かつてはツンフト構成員の会合・社交の場であった。

〈グロースミュンスター〉

　中世市民の政治・日常生活の中心であったツンフト会館を見ながら、リマト川を遡れば、ミュンスター橋の反対の袂に戻り、先にふれた**ヴァッサー教会**に行き着く。現在の教会は後期ゴシック様式の建物で、1479～84年に5年間の贖宥状(しょくゆうじょう)販売が認められて、建設された。宗教改革によって聖画像を撤去されたのち、20世紀初頭まで図書館に利用されていた。現在の図書館は旧ドミニコ会修道院に由来するプレディガー教会の隣にある。その後ヴァッサー教会は改築され、ジャコメッティ作のステンドグラスもそのときに制作されたものである。ヴァッサー教会の前には**ヘルムハウス**が接続してある。文字どおり「保護する家」を意味し、ヴァッサー教会を保護する形で13世紀以来存在していたが、現在の建物は1794年に建てられ、今は若い芸術家のためのギャラリーに使用されている。ヴァッサー教会の裏側にはチューリヒの宗教改革者**ツヴィングリ**の大きな**銅像**がある。

右手に剣、左手に聖書をかかえた姿で、彼の生涯を端的に表している。ヘルムハウスの所でリマトケ通りを横切って階段を登ると、チューリヒのランドマークである二つの塔を持つグロースミュンスターへ行ける。

　現在の**グロースミュンスター**は火災に遭い、その後12世紀初頭に造られたロマネスク様式の建築物である。13世紀中頃まで建築は継続したので、最後の建築時期には初期ゴシック様式も影響を与えている。東西に二つの塔があるが、東側は鐘塔、西側はカール塔とよばれている。1763年に鐘塔が落雷を受けて壊れたのち、現在の塔

ライン川周辺の都市 | 27

チューリヒとカール大帝

グロースミュンスターの塔を見上げてみると、西の塔の中程に王冠をかぶった人物の座像が見える。この人物はカール大帝（シャルルマーニュ）だといわれ、塔の名もこの座像に由来してカール塔とよばれる。カール大帝は刀を膝に置き、チューリヒの町を見下ろしている。なぜこのような所にカール大帝の座像があるのだろうか。

伝説によると、カール大帝は鹿狩りをして、アーヘンからチューリヒまで鹿を追ってきたという。リマト川右岸にくると、突然乗ってきた馬が膝を曲げ、動かなくなった。不思議に思ったカールがその場所を掘らせてみたら、チューリヒの町の殉教者フェーリクスとレグーラ兄妹の骨が出てきた。カールは兄妹の殉教者を祀るためにグロースミュンスターを建立した。この伝説のゆえにカール大帝が塔に鎮座しているという。

現在塔に鎮座している像は1933年に造られたレプリカで、オリジナルは風雨にさらされ痛みがひどくなったので、クリプタに保存されている。その制作年代は1474年以前といわれている。

このカール伝説を伝える座像より古いレリーフが教会内柱頭に彫られている（写真下参照）。写真の左側に騎乗姿のカールが左手に百合の形の笏杖をもち、右手で手綱を捌いている。カールの肩のあたりには鷹がおり、馬は前足を折っている。写真の右側には光輪を背後にフェーリクスとレグーラ兄妹が殉教者の印である棕櫚の枝を持って対話をしているように描かれている。このレリーフは12世紀後半の作といわれている。

こうした伝説を伝える古いレリーフの存在にもかかわらず、カール大帝がグロースミュンスター建設の基礎を築いたという歴史的証拠はない。カール大帝の曾孫で同じ名を持つカール肥満王にこじつけられたものであろう。

チューリヒの町を見下ろすカール

カール大帝とチューリヒの都市聖人フェーリクスとレグーラ

は1780年代に再建されたものである。塔上の八角形をしたドームはスイスにおけるネオ・ゴシックのもっとも早い建築例である。

リマトケ通り側(南側)の教会入口には銅製の「ツヴィングリ扉」がある。1935〜38年にオットー・ミュンヒによって制作された。チューリヒ宗教改革史の重要な出来事が描かれている。教会内には左に回った北側の入口からしか入れないが、その入口の右側の壁には**ハインリヒ・ブリンガーの立像**レリーフがある。ツヴィングリ死後の宗教改革を指導し、『宗教改革史』という貴重な史料となる書物だけではなく、多数の神学書を残した人物である。それだけではなく、彼は1万2000通を超える往復書簡を残すという信じられないほどの筆まめ男である。

教会内部は宗教改革の聖画像撤去で、見るものは少ない。入口を入ってすぐ右側にある半円アーチの壁龕に1300年頃のキリストを抱くマリア像がわずかに残っている。その他聖画像破壊を逃れた古い作品は身廊を支える柱の柱頭に見られる。南側三番目の柱頭は**グイド・レリーフ**とよばれる1120〜30年の作品で、決闘場面が彫られている。北側三番目の柱頭には騎乗姿のカール大帝が描かれている(→前頁コラム)。カール大帝のオリジナル座像がある地下礼拝堂(クリプタ)には、チューリヒの画家ハンス・ロイが1500年頃に描いたサン・モーリス(→p.108)の壁画が見られる。

グロースミュンスターで見逃せないのはジャコメッティの手になる内陣のステンドグラスである(1932年作)。中央下に子供のキリストがいて、マリア、王、天使によって祈りを捧げられている図である。しかし、青、赤、黄の輝かしいこのステンドグラスを宗教改革者たちが見たら、どのように思うだろうか。

北側入口を出て右へ行くと、かつてのクロイスター(修道院回廊)への入口がある。12世紀後半のロマネスク様式の一部が残されているが、大部分は19世紀中頃に再建されたものである。クロイスターをとりまく建物は、現在チューリヒ大学の神学部が利用し、スイス宗教改革研究所もここにある。この建物に沿って行き、キルヒ(教会)小路に入った左側は**ツヴィングリの居宅**があった建物である。この小路を登って、ハイム通りまで出て、右へ行くとスイス最大の美術館、**チューリヒ美術館**に行ける。左へ行って、すぐに右の厳しい坂道を上っていくと、**チューリヒ大学**、さらには**連邦工科大学**に着く。工科大学の前のテラスから見下ろすチューリヒの町は美しい(→p.10)。坂道を苦労して登る価値は十分ある。ただし、中央駅からはバーンホーフ橋を渡って、ツェントラルでケーブルカーに乗れば、簡単に行くことができる。

チューリヒは見どころが多い。駅脇の**国立博物館**は歴史に興味のある人には見逃せない。また、天候に恵まれれば、駅前通りをまっすぐ行って、あるいはリマトケ通りをリマト川に沿って**チューリヒ湖**まで出て、ケ橋に立てば、湖の向こうにグラルナー・アルプスを望めるかもしれない。あるいは、振り返ってリマト川の左右にフラウミュンスター、グロースミュンスターを見ることもできる。

チューリヒはじっくり観光する価値がある町である。

シャフハウゼン　Schaffhausen
―静寂古雅の町―

　スイスからドイツに赴くにはどこかの地点でライン川を渡らねばならない。ライン川の河川交通に育てられた架橋の都市シャフハウゼンとシュタイン・アム・ラインは修道院を核にして誕生した二つの重要な観光都市である。

　シャフハウゼンを「静寂古雅の町」とよんだのは、1906年にこの地を訪れた大正時代の文豪有島武郎であった。町誕生の出発点は皇帝ハインリヒ３世（在位1028〜56）が1045年にこの地域を支配していたネレンブルク家に貨幣鋳造権を付与したことに始まる。チューリヒガウ（→p.76ガウの説明）の伯であったネレンブルク家はここに市場を開設し、49年にはベネディクト会派のアラーハイリゲン（万聖人）修道院を建立した。その後、叙任権闘争に巻き込まれた伯家は、チューリヒガウの伯権力を失った。その結果、アラーハイリゲン修道院がシャフハウゼンの上級支配権を獲得し、13世紀までシャフハウゼンの都市君主にとどまった。

　シャフハウゼンの都市が栄えた理由は、ライン川を南西に2.5kmほど下った所に巨大な**ラインの滝**があったためである。ライン川を下ってきた商品はいったんシャフハウゼンで荷揚げされ、陸路をとることになる。商品の積換えや保管の仕事によってシャフハウゼンは経済的に潤い、栄えることになったのである。

　1218年に帝国都市となったが、1330年から1415年までハプスブルク家に質入れされ、領邦都市となっていた。その間、繰り返しツンフト闘争があり、1411年以降には都市内の政治は極めて民主的なツンフト支配型都市となった。しかし、都市国家として周辺農村を支配したために、1798年のスイス革命でその体制は崩れた。

ラインの滝

〈旧市街〉

　シャフハウゼンの旧市街は駅に極めて近く、観光をするには便利である。駅前のバス通りを横切り、やや左手のレーヴェン小路を入って、フォアシュタットの通りを右

黄金牛亭

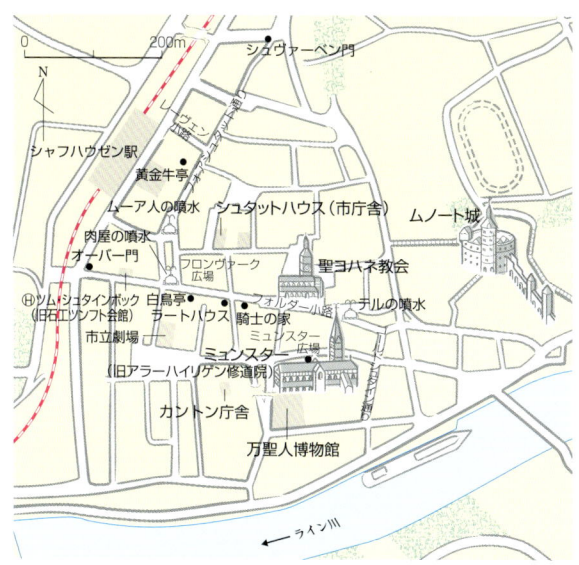

フロンヴァーク広場、ムーア人の噴水

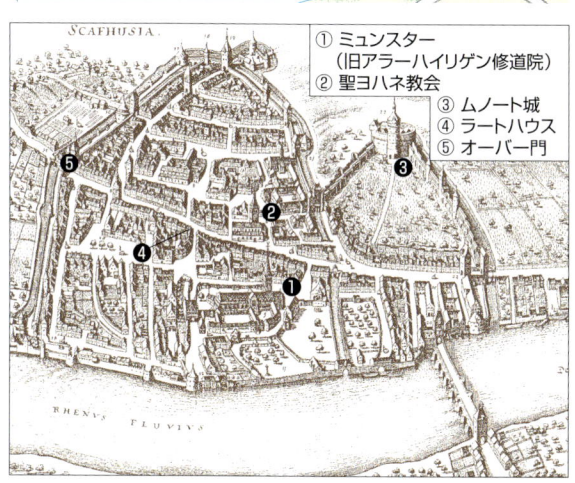

フロンヴァーク広場、肉屋の噴水、左側のエルカーに白鳥亭と書かれている。

① ミュンスター
　（旧アラーハイリゲン修道院）
② 聖ヨハネ教会
③ ムノート城
④ ラートハウス
⑤ オーバー門

に折れると、**黄金牛亭**(ツム・ゴールデネン・オクセン)がある。17世紀初頭の建物で、壁には建物の象徴である黄金の牛のフレスコ画があるほか、トロイ戦争の英雄たちが描かれている。シャフハウゼンには多様なエルカー(張出し窓)が見られるのが特徴だが、この黄金牛亭にはドイツ・ルネサンスの豪華な様式が見られる。このあたりは中世では牛市が立った所である。

フォアシュタット通りをさらに進むと、旧市街中心地**フロンヴァーク広場**に出る。中世にはここはたんに「市場」と呼ばれ、野菜・肉・パン屋の売り台が並んでいた所である。ここに立つ噴水は**ムーア人の噴水**とよばれ、1535年の作品である。ムーア人と名づけられているが、実際には、キリ

スト生誕のときの三王の一人カスパールで、黄金の杯、偃月刀、紋章盾を持っている。

　ムーア人の噴水を背に広場を横切ると、肉屋の噴水がある。噴水塔の兵士は1524年作で、市民の防衛意識のシンボルである。その背後にフロンヴァーク塔(現在の観光案内所)がある。そこで右へ曲がるとオーバー門が見え、その手前にスタッコ(消石灰に大理石と粘土の粉末を加えた塗壁材料)装飾のある美しいロココ様式の家がある。現在は**ホテル・ツム・シュタインボック**になっているが、かつては石工ツンフト会館であった。広場に戻り、一番の繁華街があるフォルダー小路に向かう右側にマノールというスーパーマーケットが見える。2階のエルカーに**ツム・シュヴァーネン(白鳥亭)**と書かれ、以前はホテルであったことがわかるが、ここに有島武郎は数日滞在して、ホテルの娘を恋し、その後長い間文通を続けた。この話は2001年夏にシャフハウゼンの博物館で有

聖ヨハネ教会

島の展覧会が催され、この地の人々にも知られるようになった。

　フォルダー小路を進むと、右側に**ラートハウス**(15世紀築)と、**騎士の家**がある。1566年に騎士ハンス・フォン・ヴァルトキルヒによって改築されたので、この名がある。シャフハウゼンの画家トービアス・シュティマーによって描かれたフレスコ画は、アルプス以北のルネサンス・フレスコ画としてはもっとも著名なものである。

　フォルダー小路をさらに進むと、**聖ヨハ**

騎士の家

テルの噴水

ネ教会に至る。ゴシック様式の教区教会で、13世紀中葉にすでに存在していた。この教会では国際バッハ・フェスティバルがおこなわれることで有名だが、教会脇の少し広まったフォルダー小路では、中世には魚市が立った所である。その少し先には**テルの噴水**がある。オリジナルは1522年の作品だが、八角形の水槽には1632年の文字が見える。

　フォルダー小路を少し行って、右へ(ゴールドシュタイン通り)入ると、ミュンスター広場に出る。かつての**アラーハイリゲン修道院(現ミュンスター)**であるが、1529年の宗教改革後は教区教会となった。スイスを代表するロマネスク様式の建築であるが、五層の塔が特徴的である(ただし、屋根の部分はゴシック様式)。修道院時代の建物の一部は博物館になっており、ゴシック様式の食堂などを見ることができる。

〈ムノート城〉

　旧市街の東にシャフハウゼンの象徴といえるムノート城が小高い丘の上にある。この城は1564～89年に市民の奉仕によって建設された。城は円筒形をし、メーリアンの地図ではっきり見られるように、市壁と接続している。城の外側には深さ8.5m、幅22.6mの空堀がめぐらされ、そこにカポニエルとよばれる円形の防御建築物が城に付随して3カ所造られている。堀底から攻めてくる敵に対処する工夫がなされているのである。

　16世紀の中頃にこのような城(防御施設)がどうして造られたのだろうか。1501年にシャフハウゼンはスイス盟約者団に加盟し、ライン川右岸にある唯一の地域として、

ムノート城よりライン川を眺める

ドイツ(ハプスブルク家)に対する前哨基地の役割を果たすようになったからである。さらには29年に宗教改革を実施し、周辺のカトリック地域に対峙する必要があったからといわれている。

　実際にはほとんど戦争には役に立たなかったが、現在は城の内部(耐爆掩蔽施設)は、音楽会をはじめさまざまな催しに使われている。

ムノート城

シュタイン・アム・ライン
Stein am Rhein
―ライン川の絵になる城・修道院・町―

〈**自由都市シュタイン・アム・ラインの誕生**〉

　シュタイン・アム・ライン駅から北へ歩いてしばらく行き、ライン川に向かって下ると橋に出る。川向こう左手遠くに**ホーエンクリンゲン城**が、右手の橋の袂(たもと)には**聖ゲオルク修道院**と教会の塔が見え、まさに絵のような風景が展開する。シュタイン・アム・ラインの町の誕生はこの聖ゲオルク修道院に由来する。

　修道院は最初シュヴァーベン公ブルクハルト2世によって南ドイツのジンゲンに建立されたが、皇帝ハインリヒ2世(在位1002～24)が11世紀初頭に、近隣の開拓を目的にシュタイン・アム・ラインに新たに建設させたものである。皇帝は修道院に市場開

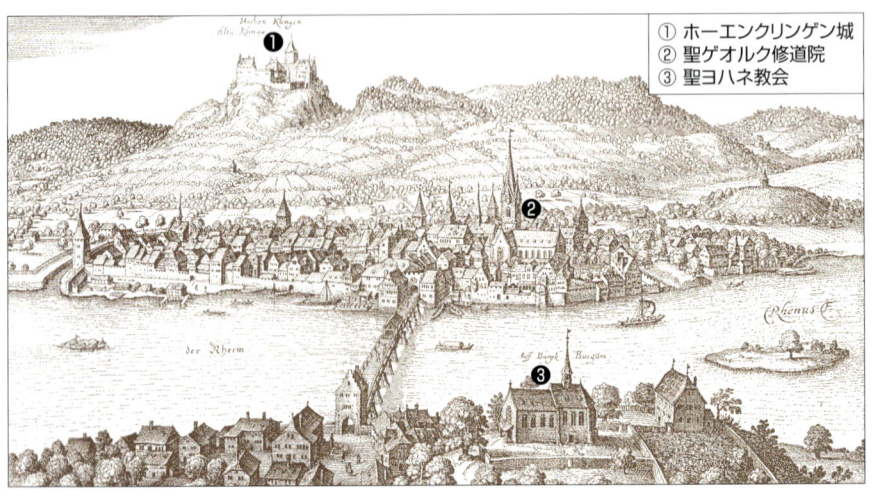

① ホーエンクリンゲン城
② 聖ゲオルク修道院
③ 聖ヨハネ教会

ライン川からホーエンクリンゲン城を眺める

設権や貨幣鋳造権を与え、広大な土地も所有させた。

　シュタイン・アム・ラインの発展には特別の理由があった。ここはライン川がいったんボーデン湖に流れ込み、ウンター湖(下の湖)を経て、ふたたびライン川として流れ出る河川交通の要(かなめ)に位置していた。比較的大きな船で湖上を運ばれてきた商品はこの地で荷下ろしをされた。狭く急流となるライン川を下るには小さな船に積み換えねばならなかった。シュタイン・アム・ラインは商品の積換地・保管地となり、そこからふたたび水路で、あるいは陸路で商品は運ばれることになった。急流で危険なライン川を下るにはこの地で水先案内人を求めなければならなかった。このため住民は経済的にかなり潤い、人口もふえて都市が形成されていった。しかし、そこに住む住民は修道院の従属民で、自由な身分ではなかった。

　修道院長は都市の下級裁判権(土地争い、相続などの裁判)をもっていたが、重罪犯を裁く流血裁判権や関税徴収権・通行保護税などは行使せず、貴族の代官に委ねていた。1218年に断絶するまではツェーリンゲン家が握っていたが、実際の支配は、トゥールガウの貴族クリンゲン家に委ねられていた。クリンゲン家は1200年頃にシュタイン・アム・ライン近くの山の上に城を築いたらしい。現在残っている城の塔はそのときにまで遡るものである。1327年の史料にはじめて「シュタインの上方の高い所のクリンゲン」という意味の言葉が出てきて、のちにホーエンクリンゲン家とよばれるようになった。結婚政策によってこの地域の有力貴族になったが、15世紀に入って急速に勢力を失い、1433年にすべての所領を売り払うことになり、その後40年頃に断絶した。近隣の領主クリンゲンベルク家がその所領を購入したが、同家もすぐに経済的に困窮して57年に城とすべての支配権をシュタイン・アム・ラインに売却した。こうしてシュタイン・アム・ラインは自由都市となった。

〈聖ゲオルク修道院〉

　都市の歴史に話を進める前に修道院と付属教会(現在の都市教会)を少し紹介しよう。

　教会には内陣の脇にマリア礼拝堂があり、南壁面にマリアに向かって祈る聖三王とホーエンクリンゲン家の騎士像が見られる。また、内陣の壁面には15世紀中頃の乾式フレスコ画が描かれており、修道院の建立の歴史が見られる。南面にはシュヴァーベン公による修道院建設の場面、その上には聖ゲオルクによる竜退治の場面と福音史家ヨハネの像が描かれている。北面には皇帝ハインリヒ2世と后のクニグンデがシュタインの修道院を建設したことを示す場面と、右上に洗礼者聖ヨハネ像が描かれている。修道院教会の背後にいる聖クリストフォロス像は下層の絵で、13世紀後半のロマネ

ライン川周辺の都市 | 35

聖ゲオルク修道院(左)と
内陣北面の図

スク絵画といわれている。

　修道院の内部もぜひ見学したい。見るべきものが多いが、修道士の質素な独房、それに対してきらびやかな修道院長の部屋や祝宴用広間などがじっくり見られる。修道院は16世紀の宗教改革で廃止されるが、最後の修道院長ダーフィト・フォン・ヴィンケルスハイムが優れた人文主義者で、素晴らしい絵を広間に描かせている。とくにダーフィトの出身地のツルツァハの大市の絵は重要である。

〈絵のある町〉

　シュタイン・アム・ラインの市民は聖ゲオルク修道院長とホーエンクリンゲン城に居をかまえる代官によって支配されていたが、地理的条件に恵まれ経済的には豊かであり、1457年には「都市の自由」を確保できた。それ以前の1385年にはすでに、史料的に都市自治の機関である12名構成の市参事会と市長が存在することが確認される。また、下級裁判権は本来修道院長が持っていたが、この頃には市民がその職務に任命されるようになっていた。

　ところで、この「都市の自由」の獲得をめぐっては有名な伝説がある。シュタイン・アム・ラインの**ラートハウス**(市庁舎)の壁には町の歴史が壁画として描かれている。ラートハウス正面の左側にはムルテンの戦いの様子(→p.66参照)、右側にはノ・エ・ヴィリの伝説場面が描かれている。それは「都市の自由」をめぐる市民の戦いの話である。

　1457年に莫大な債務に苦しんでいたクリンゲンベルク家から、シュタイン・アム・ラインは自らの財力で自分たちの都市自体とホーエンクリンゲン城を購入した。その際、有力市民ハンス・ライツァーはこの購入にあたり私財を投げ出し、多大な貢献をした。しかし、封建社会の中で小さな都市が単独で「都市の自由」を保持し続けることは不可能であった。とくにクリンゲンベルク家が仕えていたオーストリアのハプスブルク家はこの地域で自己の支配地の拡大・強化をめざしていた。

　シュタイン・アム・ラインは1459年に近隣の有力都市と同盟を組んだ。ライン川下流のシャフハウゼンおよびスイス盟約者団の有力都市チューリヒと保護・防衛同盟を結び、ハプスブルク家とそれに従う南ドイツの貴族に対抗しようとした。しかし、都市内ではハプスブルク家とむしろ組んで、その保護下に入ろうとする党派がいて、盟

ラートハウス正面壁画、ムルテンの戦いの様子

ラートハウス裏側、ツヴィングリの壁画

ラートハウス広場に面した絵の描かれた家々

約者団派と対立した。そのオーストリア派の代表にライツァーは属していた。

　ライツァーは「都市の自由」の獲得に貢献したため市長に選出されたが、市長になると、出費を取り戻すために、悪辣で専制的な政治をおこない、市民の反感を買い始めていた。彼は密かにハプスブルク家に通じたため、1475年に裁判にかけられ失脚して、都市から追放された。3年後に許されたが、ふたたびハプスブルク家と接触をはかろうとしたらしく、都市当局の監視下におかれた。ここまでは当時の史料で確認されることだが、それから70年後に、チューリヒの歴史叙述家ヨハネス・シュトゥンプが『スイス年代記』の中で次のように書いている。「1478年シュタインの人々は市長を溺殺刑にした」と。

　ノ・エ・ヴィリの伝説はこうした歴史事実にもとづき生まれたらしい。ある夜密かにオーストリア派がライン川を渡り、都市を襲撃しようとした。そのとき都市の内側から呼応した市民との合言葉が「ノ・エ・ヴィリ(しばし待て)」であったが、川縁に住んでいたパン職人がその緊急事態に気づき、急を知らせて無事切り抜けることができた。市長はライン川に投げ込まれ、「都市の自由」は守られた。この伝説は1924年に野外市民劇としてラートハウス前の広場で演じられ、その後98年まで5度上演されている。

　野外市民劇は市民の気概を示そうとしているが、歴史的にはシュタイン・アム・ラインは単独では「都市の自由」は守れず、1478年に都市チューリヒの保護下に入った。その後16世紀にチューリヒに宗教改革を押しつけられ、聖ゲオルク修道院も廃止され、所領はチューリヒが派遣する役人に管理された。チューリヒの宗教改革者ツヴィングリがこの町で説教する様子はラートハウスの裏(東)側の壁面に描かれている。

　皮肉なことにチューリヒの保護下でシュタイン・アム・ラインは経済的に栄えることになった。現在のラートハウスも1539～42年に建設され、市政の会議は3階でおこなわれたが、1階は穀物倉庫、2階は織物倉庫に利用されていた。ラートハウス前の通りにある家々の壁面に絵が描かれたのもほとんどがこの時期で、観光客を引きつける財産になっている。

　シュタイン・アム・ラインが真に自由となるのは、1798年のスイス革命を経て、カントン・シャフハウゼンの一部になってからである。ラートハウスの壁画はこの頃に描かれたのである。

ザンクト・ガレンの修道院と町
Sankt Gallen
―あふれるカロリング文化とバロック文化―

〈修道院と都市の対立〉

　都市ザンクト・ガレンは同名の修道院を核にして形成されていった都市である。1983年に修道院を含む一帯が世界文化遺産に指定され、多くの観光客が訪れるようになった。　修道院建設の歴史は612年にまで遡る。アイルランドの修道士たちはヨーロッパ各地を布教して歩いたが、その一員だったガルスは途中病に陥り、ボーデン湖の北に位置するアルボンの森に庵を結び、修道生活を始めた。719年にこの庵跡にアレマン人のオトマールが修道院を建設した。クールで修道したオトマールは、747年以降ベネディクト会則にもとづき修道院を指導して、ガルスの名にちなんだザンクト・ガレン修道院の基礎を築いた。

　9世紀にカロリング諸王の庇護を受け、指導的な帝国修道院の地位を獲得して、黄金期を迎えた。宗教上の中心地というだけではなく、学芸・文化の中心地となった。その一端は825年に制作された理想的なプランにもとづく修道院建設や、彩色挿絵や装飾文字に飾られた手写本が現在も多数残されていることからわかる。

　しかし、926年にマジャール人の略奪を受けたり、937年の火災などによって衰退した。11世紀に勢力を回復したが、叙任権闘争に巻き込まれたり、支配の核になっていたアペンツェルの独立などによって所領を失ったりした。その結果、1451年にはスイス盟約者団の力を頼って、同盟を求めざるをえない状況に陥り、スイス盟約者団の従属邦になった。

　一方、都市ザンクト・ガレンは修道院の「門前町」の様相を示して早くから発展し、「市民」という言葉は1086年にすでに史料上に現れる。神聖ローマ皇帝のバックアップを得て、自治を次第に拡大し、市参事

大聖堂内図書館　　　　　　　大聖堂内部

会は修道院長が任命していた市長の任命権を1354年までには握った。亜麻織物業の発展を背景に商業・手工業も栄え、ツンフト都市として力を発揮していった。1454年にはスイス盟約者団の諸邦チューリヒ、ベルン、ルツェルン、シュヴィーツ、ツークと同盟し、盟約者団の従属邦を形成した。ここにザンクト・ガレンの都市と修道院は別個にスイス盟約者団と同盟したことになる。70年後に宗教改革者ヨアヒム・ヴァ

ヨアヒム・ヴァディアン像

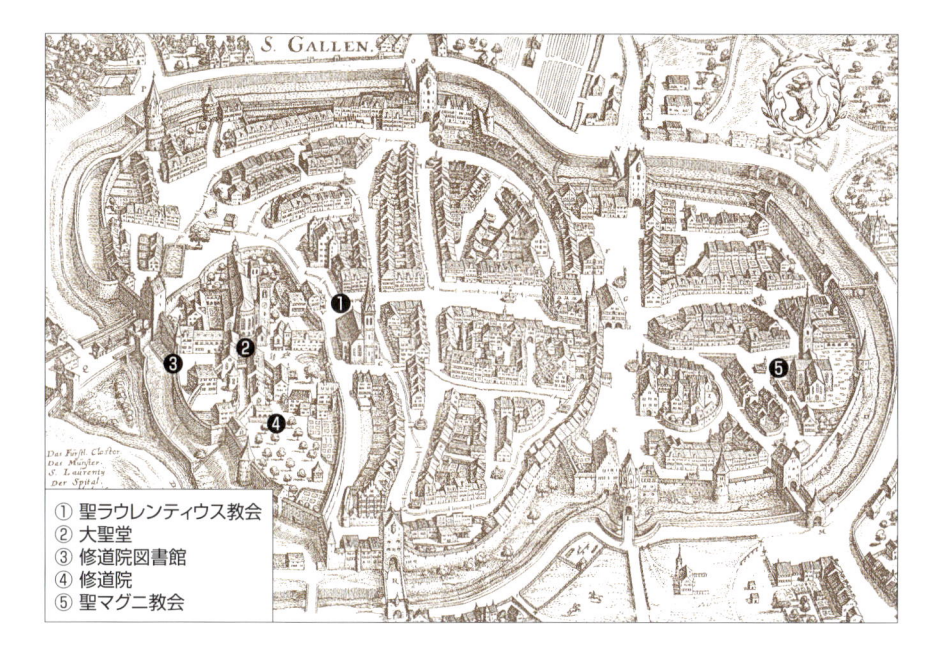

① 聖ラウレンティウス教会
② 大聖堂
③ 修道院図書館
④ 修道院
⑤ 聖マグニ教会

ディアン(1484〜1551)の指導によって宗教改革が都市ザンクト・ガレンに導入されると、政治的だけではなく、宗教的にも両者は厳しい対立に陥った。

〈バロック様式の大聖堂と街並み〉

　しかし、その後も修道院長は帝国諸侯の地位にあり、依然大きな権勢をふるった。現在の**大聖堂**(カテドラーレ)もその権勢の現れで1755〜68年に大改築され、バロック様式の絢爛(けんらん)たる装飾を備えている。ほぼ同時期(1758年)に図書館も建設され、カロリング時代以降の手写本2000冊、初期活版印刷本1650冊がそこに保存されている。これらを手にとって見ることはできないが、ロココ様式の閲覧室に入って、文化の蓄積を眺めることができる。

　大聖堂の中庭から北へ出た所に**聖ラウレンティウス(ロレンツォ)教会**がある。中世にはこの教会でザンクト・ガレンの市民総会が開かれ、市民の宗教的・政治的生活の中心であった。現在の建物は1850〜54年に改築されたネオ・ゴシック様式である。教会の前から北に延びる通りはマルクト小路で、旧市街のメインストリートだが、そこから左右の道に入ると、ゴシック様式からロココ様式に至る16〜18世紀に建てられた古い様式のさまざまな住宅が多数見られる。それらには精緻な彫刻が施されたバルコニーや手の込んだおもしろいエルカーが備えられ、見ていて飽きることはない。代表例はガルス通り22番地にあるバロック装飾に満ちた**グライフ(グリフィン)亭**である。

　こうした印象的な美しい街並みが生まれた理由は中世以来の経済力に負っている。

都市ザンクト・ガレンは中世には亜麻織物の中心地であったが、18世紀になると綿織物工業、さらに、18世紀中頃には刺繍業も盛んになり、経済的に豊かであった。刺繍・レース・織物に関心がある場合には、ザンクト・ガレンの繊維・織物博物館は見逃せない。

　マルクト小路を進むと、大きな銅像に出会う。1904年に作られたこの町の宗教改革者**ヴァディアンの銅像**である。彼はスイスの代表的な人文主義者で、1516年にはウィーン大学の学長になり、スイス人学生が彼をしたって多数留学している。皇帝マクシミリアン1世から「桂冠詩人」の称号を与えられている。チューリヒの宗教改革者ツヴィングリの影響を受け、ザンクト・ガレンの宗教改革を実現し、市長としても政治的活躍をした。彼の残した蔵書は貴重で、ザンクト・ガレンの市立図書館(ヴァディアーナとよばれる)の基本コレクションになっている。**ヴァディアンの生家**(ツム・ゴールデネン・アプフェル[金林檎亭]、1800年に取り壊され、昔のものではない)や彼が長期居住して亡くなった家(ツム・ティーフェン・ケラー[地下蔵亭])はヒンターラウベン街(8・10番地)にある。

　ザンクト・ガレンは16〜18世紀の雰囲気をたっぷりと味あわせてくれる町である。

バーゼル　Basel
―文化が薫る都市―

〈バーゼルのミュンスター〉

　ドイツとフランスに接する国境の町バーゼルは、ドイツとスイスの国境線を東西に流れてきたライン川が90度曲がって北上

する位置にある。その左岸には氷堆積の丘があり、その上にバーゼルのシンボルである**ミュンスター**(聖堂)がそびえている。1356年にバーゼルは大地震に襲われて大被害を受け、ミュンスターもその例にもれなかった。現在のミュンスターはその後改修され、現在の姿になったのは1500年のことで、後期ロマネスク様式とゴシック様式の複合体となっている。

二つの塔がある正面の西入口は見応えがある。左側の壁には聖ゲオルクの竜退治の像、右側の壁には聖マルティンの騎馬像が見える。13世紀後半のオリジナル像は、ミットレレ橋を渡ったライン川右岸にある**クライネス・クリンゲンタール博物館**(旧女子ドミニコ会修道院)にある。中央入口の左右上方に二体ずつゴシックの立像があるが、左側の二体に注目したい。神聖ローマ皇帝ハインリヒ2世とその妃クニグンデの像である。皇帝は冠をかぶり、左手に錫を、右手にミュンスターをかかえている。ハインリヒ2世とバーゼル・ミュンスターの関係を象徴している。

バーゼルは917年のフン族の略奪に遭い、カロリング時代に建立された聖堂も襲われ、破壊されたと考えられる。その再建を応援したのが皇帝ハインリヒ2世であった。ハインリヒはバーゼルのミュンスター建設に多くの寄進をし、中世にはめずらしくわずか13年の短期間でミュンスターを

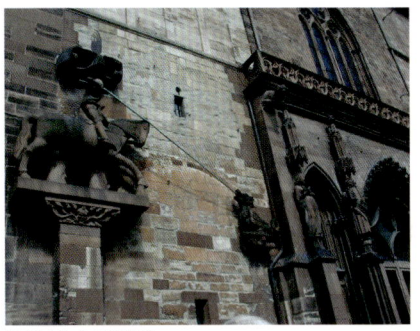

聖ゲオルクの竜退治

ミュンスター

ハインリヒとクニグンデ

ライン川周辺の都市 | 41

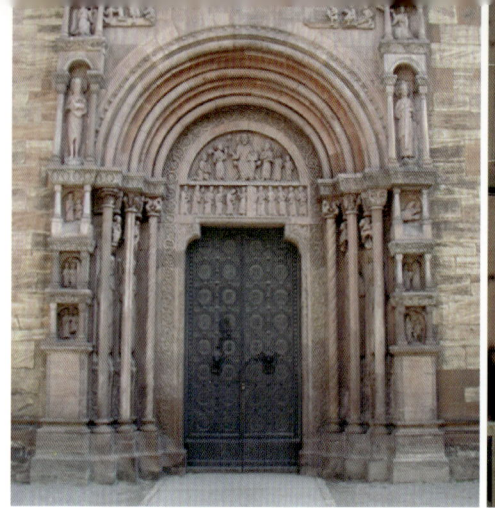

ガルス門　　　　　　　　　　　　　　エコランパディウス像

完成させ、1019年に献堂式を執りおこなわせている。それは敬虔心(けいけん)の発露だけではなく、そこには明確な政治的意図があった。バーゼルは帝国の隅に位置してはいるが、峠の王国ブルグントを抑え、南への進出の拠点であったので、この地で皇帝の権力を誇示する必要があったのである。

しかし、このハインリヒによるミュンスターも1185年に火災に遭い、12世紀中葉に後期ロマネスク様式で再建された。これもすでにふれたように、1356年の大地震に遭い、ゴシック様式に改修された。西正面がゴシック様式に対し、北側に回るとロマネスク様式の**ガルス門**がある。1150～70年に作られ、凱旋門(がいせん)の形式で、大きな人物像で飾られた門としては、ドイツ語圏でもっとも古いものである。最後の審判と「十人の乙女」の喩えの彫刻群が入口の上にあり、入口の左右にはそれぞれシンボルを頭上に刻まれた4人の福音書作家像がある。左側にマタイ(天使)、ヨハネ(鷲)、マルコ(ライオン)、ルカ(雄牛)が柱の間に立っている。この門の上には、ヨーロッパ全体でもめずらしいバラ窓の前身である車輪窓がある。リムの部分には10人の上昇・下降する人物が見え、運命による人生の変転を示している。

ミュンスターの東側、内陣の後ろ側にはプファルツとよばれるテラスがある。そこからは眼下にライン川が見下ろせ、向こう岸に小バーゼルの街並みが見られる。内陣とニコラウス礼拝堂の間の狭い門を通り抜けるとホールに出る。ニコラウス礼拝堂は有名なバーゼル公会議(1431～49)がおこなわれた場所である。ホールは左右を大小のクロイスターではさまれているが、ホールとクロイスターにはバーゼルの著名人の墓碑銘がたくさん並んでいる。大クロイスターを通り抜け、外に出た右側にバーゼルの宗教改革者**エコランパディウスの立像**がある。

〈ミュンスターの内部と塔〉

ミュンスターの外側を一巡した所で、ふたたび西正面に戻って、ミュンスターの内部に入ろう。内部には残念ながらめぼしい美術品は多くない。16世紀の宗教改革の際に聖像破壊がおこなわれたからである。

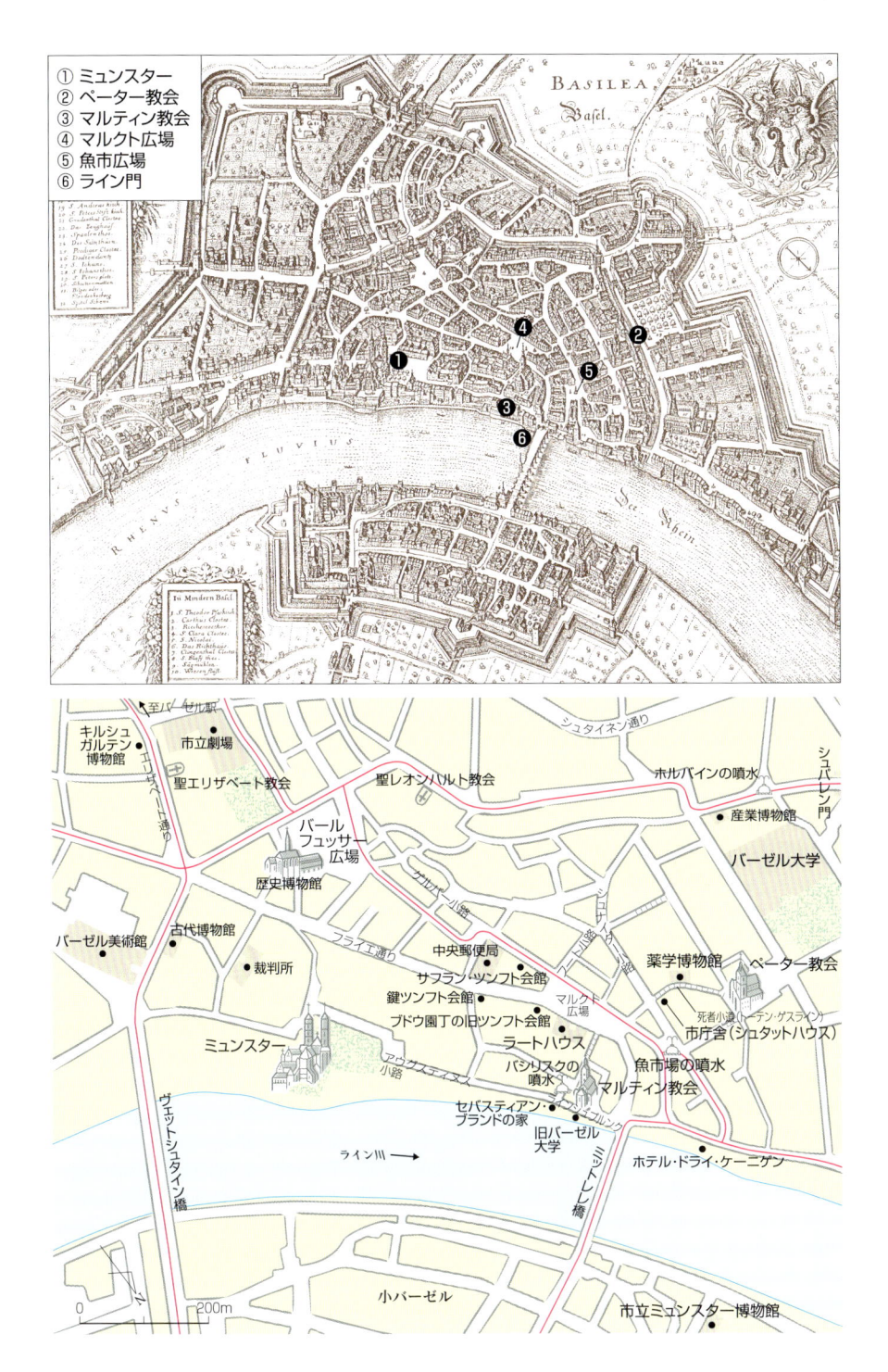

① ミュンスター
② ペーター教会
③ マルティン教会
④ マルクト広場
⑤ 魚市広場
⑥ ライン門

ライン川周辺の都市 | 43

しかし、左側廊の奥の壁には、1100年頃に制作されたロマネスクの彫像がある。287年に殉教したウィンセンティウスの生涯を描いている。この彫像の手前の柱には、人文主義の王者**エラスムスの墓碑銘**がある。エラスムスは宗教改革の混乱をきらって一度はバーゼルを離れたが、ふたたび戻り1536年にバーゼルで亡くなった。

内陣の左(北側)奥、美しいステンドグラスの前には、ハプスブルク家出身の初代神聖ローマ皇帝ルードルフ1世(在位1273〜91)の妃アンナの棺型墓がある。アンナはわずか6歳でバーゼル近くで亡くなった息子と一緒に埋葬されることを望み、ウィーンから葬送の行列を組んでこの地に運ばれたのである。内陣の地下にあるクリプタも1356年の大地震後に再建されたが、身廊の柱頭、アーチ頂部の要石には12世紀の彫刻が多数見られる。また、天井には色あざやかなフレスコ画が描かれている。14世紀後半の作品で、キリスト生誕などの聖書の場面が見られる。

外に出る前にミュンスターの塔に登ってみよう。マルティンの塔から登り、主身廊の屋根の切妻部分を横切ってゲオルクの塔を登ることになるが、切妻の三体の人物像の下を通る。中央にはキリストを抱いたマリア像、それにふたたびハインリヒと妃クニグンデの像である。こちらの像は西正面の像よりやや新しく1420年の作品である。塔の上からはライン川の向こうに南ドイツのシュヴァルツヴァルト(黒い森)の端が望め(→p.3目次上の写真)、北側に回れば、フランスのヴォージュ山脈を見られる。西側にはバーゼルの街並みが見下ろせる。急いで塔を降り、街並みに入ってみよう。

〈ミュンスター広場からマルティン教会へ〉

ミュンスター前の広場をとりまく家々はゴシック、ルネサンス、バロック、ロココなどの様式を示し、見ていても飽きない。広場を北に向かって横切ると、アウグステ

エラスムスの墓碑銘　　　　アンナの墓

バシリスクの噴水

魚市場の噴水

ィヌス小路に出る。右側(ライン川側)の家並みに注目すると、大小の間口がさまざまな時代を反映し、ゴシックからバロックまでのスタイルを示してくれる。その道の端に1530年以来知られている奇妙な姿の噴水がある。バシリスクが鋭い爪でバーゼルの紋章盾をかかえている姿である。バシリスクとは、鶏・蛇・蝦蟇(がま)の混合した怪獣で、その吐く息を吸ったり、その鋭い視線に遭うと、たちどころに命を落とすといわれる。バシリスクは市内至る所で見かける。この噴水の前の家に、『阿呆船』の著者として知られているゼバスティアン・ブラント(1457～1521)が1489年から故郷シュトラースブルクに戻るまで10年以上住んでいた。ドイツ初期近代の最高の風刺作家として高い評価を得ているブラントは、この家で『阿呆船』の初版(1494年)を出しているのである。

ブラントの家から先の道はラインシュプルンクとよばれる道となるが、この道の右側に1460年に創建された当時のバーゼル大学の建物があり、道は下っていく。左側には階上が張り出した古い建物が続き、途切れた所に急な階段があって、それを登ると**マルティン教会**に出る。その急な階段の小路は「一万一千人の処女」と名づけられている。命名は1941年になされたものだが、街路名としてはすでに14世紀に知られている。この奇妙な小路名は聖ウルスラの殉教物語にちなんでいる。

〈魚市の噴水からペーター教会へ〉

ラインシュプルンクを下って右へ行くと、ライン川を渡るミットレレ橋となる。左へ曲がればアイゼン(鉄)小路でマルクト広場に出るが、アイゼン小路をそのまま横切って十字路の左角のレストラン入口の上を見てみよう。目玉をギョロギョロ動かし、舌を出し入れする王冠をかぶった仮面(レレケーニヒとよばれる)が見られる。かつてミットレレ橋にあった**ライン門**に取りつけられていて、橋を渡ってくる人を威嚇したといわれる。17世紀の機械仕掛けで動くこの仮面は、現在**歴史博物館**にある。古い機械仕掛けに興味ある人には必見である。

ライン川周辺の都市 | 45

レレケーニヒを見て、20〜30mライン川に沿うように歩いて左へマルクト小路を入れば、旧市街の中心であった魚市場の噴水が見えてくる。**魚市場の噴水**は1390年頃に有名なドイツの石工・建築家のパルラーの工房で作成されたスイスでもっとも美しい噴水として評価が高い。噴水塔の中央部には三体の人物像が見える。都市守護者であるマリア像は都市の中心部を向いている。聖ペテロ像は教区教会のペーター教会の方向を向き、洗礼者ヨハネの像は新市街区(聖ヨハン・フォアシュタット)に向き、噴水

都市バーゼルの誕生

自然成長型の都市の場合、商人定住地区の成立が都市誕生の出発点になるといわれる。バーゼルでは聖ウルスラと聖ブランダンの二つの礼拝堂の存在と考古学的発掘調査から商人定住地区は確認できる。

聖ウルスラについては次のような伝説がある。イギリスの王女ウルスラは異教徒の王コノンから求婚されると、婚約の承諾の条件として、コノンがキリスト教に改宗し、彼女のローマ巡礼に同行することを求めた。ウルスラは1000人ずつの処女をお供にした10人の貴族とともに大陸に渡り、ライン川を上り、アルプスを越えてローマ巡礼を果たした。しかし、帰路ケルンの城壁の下でアッティラ率いるフン族の軍勢に攻められ、皆殺しにあったという。この殉教の実際は11人の処女の殉教であったらしいが、これをラテン語で書けば、11 Martyres Viergesとなる。この頭文字を並べるとXI.M.Vとなり、これをローマ数字として読めば、11,000のV(ヴァージン)となる。このことからウルスラと1万1000人の処女の殉教の話になったといわれる。

この殉教の伝説から聖ウルスラはケルンの都市聖人となり、ライン川を航行したということから船運業者の守護聖人にもなった。この殉教者ウルスラの名を冠する礼拝堂がバーゼルには10世紀頃から存在した。現在この礼拝堂は存在しないが、魚市場の噴水あたり、ビルシック川の左岸にあったらしい。

また、ビルシック川がライン川に合流する手前の左岸には聖ブランダン礼拝堂があった。聖ブランダンはアイルランドから海を渡って大陸にやってきた修道士である。危険な海上旅行をしてきたことから、やはり船乗りと船運業者の守護聖人であった。ビルシック川は現在暗渠(あんきょ)になっているが、1615年のメーリアンの銅版画を眺めてみても、すでに旧市街の途中で暗渠になっている。実際にはマルクト広場、魚市場を経て、現在はバーゼルの観光案内所の建物の下でライン川にそそいでいる。したがって、聖ブランダン礼拝堂は観光案内所の建物に隣接する高級ホテル、ドライ・ケーニゲのあたりにあったらしい。船乗りに関連する二つの礼拝堂があったという事実は、ライン川を利用したケルンとの交易が想定され、この地域に遠隔地商人の定住地区があったことを想像することができる。実際にビルシック川の左岸ペータースベルク南西斜面に10世紀後半の住居跡、杭柵が発見されている。現在の魚市場(フィシュマルクト)の噴水がある付近を中心に、司教に対抗する商人の定住地区が誕生していたことはまちがいなさそうである。

旧バーゼル大学(左)とマルティン教会(中央)

が都市の中心であることを示している。

　ペータースベルクには墓地教会として10世紀にはすでにペーター教会があったらしい。マルティン教会同様に古い教区教会であった**ペーター教会**も1356年のバーゼル大地震の被害を受けたが、ここには見るべきフレスコ画が多数ある。宗教改革の偶像破壊でぬり込められたものが再発見されている。南側壁面にある墓の壁龕(へきがん)に「キリスト埋葬」の図が描かれている。1350/60年の作品で、上部ライン地方でもっとも重要なゴシック壁画である。その奥、内陣仕切の右端には左手に花籠を持つ「聖ドロテア」の美しい絵がある。これは1510～15年の作品といわれる。さらに内陣左側にあるマリア礼拝堂にはマリアの生涯などを描く15世紀前半のフレスコ画が見られる。ペーター教会には観光客は滅多に来ないので、この素晴らしいフレスコ画をじっくり見ることができる。

　ペーター教会の前面には、道路をはさんで広場があり、その向こうに**バーゼル大学**があるが、戻って内陣の裏側を右手に行くと、かつての都市貴族街になり、ゆったりと古い街並みの雰囲気にひたれる。ペーター教会から「死者小道」(トーテン・ゲスライン)という恐ろしい名前がつけられている急な長い階段を下る途中に、**薬学博物館**がある。バーゼルには大変な数の博物館があるが、この博物館は歴史的建物として見学する価値が高い。

〈ラートハウス周辺〉

　「死者小道」を下りきった左手角に**市庁舎(シュタットハウス)**がある。旧郵便庁舎で、1770年代に建てられた建物である。玄関入口は郵便馬車が楽に入れるように広くなっている。市庁舎なので自由に入ってみよう。

　市庁舎の前の道を右に行けば、シュナイダー(仕立屋)小路で古い街並みが残っている。近くにはフート(帽子)小路、ゲルバー(皮鞣(なめ)し)小路などという名が残っていて、手工業街であったことを示している。市庁舎の前の通りをまっすぐ行けば、マルクト広場に出て、バーゼルのシンボルである**ラートハウス(旧市参事会館)**の前に出る。中世ではこの広場は穀物広場とよび、穀物取引がおこなわれていた。ビルシック川岸は中世時代も今日も商工業の活動地点である。

ペーター教会と聖ドロテア像

ライン川周辺の都市 | 47

ラートハウス内部絵

カントン閣僚会議室

　ラートハウスは中世では一般に市参事会館と訳すが、観光案内書ではしばしば市庁舎と訳されている。すでにふれたように、市庁舎は別にあって、ラートハウスは現在カントン(州)庁舎であって、カントン政府の閣議やカントン議会がここで開催されている。バーゼルは1501年にスイス盟約者団に加盟するが、この重大決定に合わせて新ラートハウスを1507〜13年に建設した。ただし、その当時は現在の建物中央部だけで、両脇はスイス加盟400年記念で増築されたものである。右側の塔状部分に増築年号1901年が見える。初期の部分だけを見ると、厳密に左右対称でルネサンス様式だが、装飾はゴシック様式がかいま見られる。3階の中央部分には1511〜12年の時計があり、その上には3体の彫像が見える。中央には正義の女神、左にミュンスターを左手に持つハインリヒ2世、右に妃のクニグンデがいる。その上にはバーゼルのシンボルを持つ騎士、その左右には1501年段階でスイス盟約者団に加盟していた10邦の紋章が見える。ここではバーゼルの歴史が視覚的に理解される。

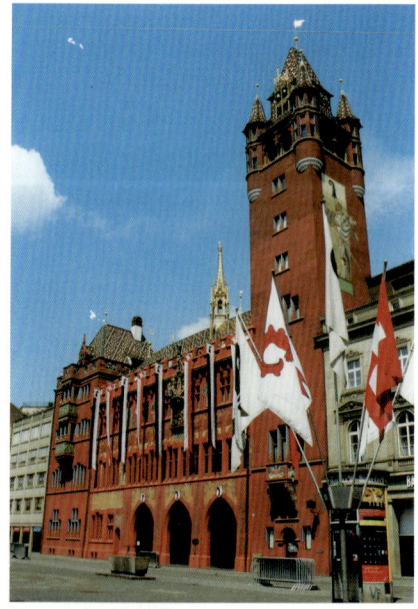

　中庭には1580年制作の**ムナティウス・プランクスの立像**がある(→p.7)。彼はカエサルの命を受け、コローニア・ラウリカを建設したローマの指揮官である。この立像の脇の階段を登り、右手の回廊を行くと、マルクト広場側にカントンの閣僚会議室がある。階段を上がった所の入口を入ると、カントン議会の議場があるが、正面の壁画にはバーゼルゆかりの人物、エラスムス、宗教改革者エコランパディウス、アメルバハなどが描かれている。残念ながら、階上の室内は普段は見学できない。

ラートハウス正面時計

マルクト広場の朝市　　　　　　　　　　　フライエ通り

〈フライエ通りからミュンスターへ〉

　ラートハウスを左に出ると、フライエ通りへ入る手前(ラートハウスの並び)に**ブドウ園丁の旧ツンフト会館**がある。現在は銀行の建物になっているが、アルプス以北の代表的な後期ルネサンス様式の建物である。1578年に建築されたが、1階の柱は重厚なドーリア様式、2階は優雅なイオニア様式、3階はコリント様式をとり、古典的な姿を示している。

　フライエ通りはいわばバーゼルの銀座通りといった所だが、ここにはバーゼル中央郵便局をはじめ19世紀の典型的建物が多い。その中で**鍵ツンフト会館**の内部はぜひ見たい。もともとは1486～88年に建設され、その後に改築が繰り返されているものの、バーゼルの都市貴族団体である鍵ツンフトの会合場所の様子がよくわかる。現在はレストランなので、1階は簡単に見られるが、2階は特別の許可がいる。

　鍵ツンフト会館の脇の道を登ると、ミュンスター広場に戻る。以上で、バーゼルの旧市街の中心部を見たことになるが、その他バーゼルでは見るべきものが多い。ライン川対岸の小バーゼル北区、その他多くの教会がある。時間が足らなくとも、**バーゼル美術館**はぜひ立ち寄りたい。16世紀の

バーゼルは人文主義のメッカであり、その頃から優れた絵画が収集され続け、ヨーロッパでも有数の美術館となっているからである。

鍵ツンフト会館の看板(左上)と内部(下)

ライン川周辺の都市 | 49

2. ツェーリンゲン家の建設都市

ツェーリンゲン家は南ドイツのシュヴァルツヴァルト（黒い森）地方に11世紀後半から勢力を張り、力を強めていった諸侯である。叙任権闘争では教皇側に与（くみ）し、皇帝ハインリヒ4世（在位1053～1106）と対立した。ツェーリンゲン家のベルトルト2世は対立皇帝ルードルフ・フォン・ラインフェルデンの娘と結婚し、1092年にシュヴァーベン公位を獲得した。

叙任権闘争に端を発した戦争が1098年の「マインツの平和」で終息すると、ツェーリンゲン家はシュヴァーベン公位をシュタウフェン家に譲り、ツェーリンゲン家は公を名乗ることを許され、ライン川左岸のスイス領域に公権力を行使した。すでにふれたように、スイスにおいて領国支配を貫徹するために、多くの都市を建設した。

ツェーリンゲン家のこうした動きに対抗して、東スイスではエッシェンバハ家が同じ時期にルツェルンを建設しているので、ルツェルンもここで紹介しよう。

ラインフェルデン
Rheinfelden
―静かな建設都市―

〈ツェーリゲン家最初の都市〉

バーゼルから東にライン川を遡った所に温泉療養地と知られる小都市ラインフェルデンはある。また、駅をはさんでライン川とは反対の山手には有名なビール（フェルトシュレッセン）工場がある。スイス旅行中に何度もお目にかかる銘柄である。汽車の中から見るビール工場は煉瓦（れんが）造りの巨大なお城のように見える。一方ライン川に接する街並みは静かで、中世の歴史では重要な地点であった。

ラインフェルデン（ラインの畑）の地名の由来はおそらく古代ローマ都市アウグスタ・ラウリカと無縁ではなかったであろう。この巨大都市の人口を支える穀物はこの地域から供給されたと考えられるからである。しかし、中世の出発はライン川左岸から47mほど離れた岩の上に建てられた城塞からであった。この地域は10世紀にはブルグント王国の支配下にあり、有力貴族がここに定住し、のちにラインフェルデン伯を名乗った。同伯家のルードルフは皇帝ハインリヒ4世の姉と結婚し、シュヴァーベン公の地位を与えられ、力を強めていった。叙任権闘争にあたり、ローマ教皇に破門され

たハインリヒ４世の対立皇帝に諸侯から選出された。そのため現在のスイス地域も激しい戦いに巻き込まれるが、結局ルードルフは戦死し、ラインフェルデン家は断絶する。

かわって、この地域の支配権を得たのは、ルードルフの女婿であったツェーリンゲン家のベルトルト２世であった。ラインフェルデンはもともと南ドイツの領主であったツェーリンゲン家がライン川を越えてスイスに勢力を張る拠点となった。次代のコンラートは１１３０年にここに都市を建設し、ツェーリンゲン家がスイスの地に建設した最初の都市となった。１１５５～７０年にベルトルト４世のときに町は拡張され、ライン川に橋も架けられ、ラインフェルデンは経済的に栄えていった。しかし、１２１８年にツェーリンゲン家は断絶し、もともとは帝国の地にあったラインフェルデンは帝国都市となった。

帝国都市の時代は長くは続かず、ハプスブルク家のルードルフが国王に選出されると、ラインフェルデンはその領邦都市に格下げされた。自由を確保する戦いへの抑圧、１５３１年の大火、１６１１年のペストの大流行などを経験しながらも、１８０３年にカントン・アールガウに編入されるまで、ハプスブルク家の支配下にあった。

そうした歴史の中でおもしろいエピソードは三十年戦争の籠城戦であろう。１６３４年スウェーデン軍はこのハプスブルクの都市を囲み、兵糧攻めにした。しかし、ある仕立屋の機知で都市は救われた。食料がつき、最後の山羊を屠ったあとに、仕立屋はその山羊の毛皮を仕立て、それを着て城壁の上を歩き回った。それを見た攻囲軍のスウェーデン軍は、城壁をうろうろするほど市内にはまだ山羊がいると見て、攻めるのをやめ、軍を引き上げたという。この話を描いた壁画（ヤーコプ・シュトラッサー、１９７４年）はヴィンケル小路の建物の壁に見られる。

〈町をめぐる〉

ラインフェルデンの町には、駅を下りて、駅前通りを下っていくと自然に町の中心にある**聖マルティン教会**に行き着く。この教会はすでに１４世紀には現在の規模の建物になっていたが、１８世紀後半にバロック様式に改築されている。キルヒ（教会）小路を東に進み、突き当りを右に行き、左に折れた所にヴィンケル小路がある。この小路を左へマルクト小路へと出ると、そこに**アルブレヒトの噴水**がある。

噴水を背に右（クプファー小路）へ行くと、**シュトルヒェンネスト（コウノトリの巣）塔**に

聖マルティン教会内部

アルブレヒトの噴水

ラートハウスと旧城壁

ラートハウス中庭　ヴィンケルリートの図

フリブール／フライブルク
Fribourg/Freiburg
―ゴシックの雰囲気が漂う町―

　フリブールはツェーリンゲン家がスイスに進出してきて、本格的に建設した最初の都市である。領国支配の拠点にするために、サリーヌ川が蛇行した段丘の上に町割がおこなわれた。それは1157年のことであったが、城塞代わりの町であった。1218年ツェーリンゲン家が断絶したあと、キーブルク家がこの地を相続し、サリーヌ川辺の低い地域に町を拡大した。その後、ハプスブルク家、サヴォワ家の支配下で発展するが、領邦都市のままであった。経済的には織物業と皮革業のおかげで、14～15世紀に大変栄えた。ブルゴーニュ戦争に参戦したのちに、自由都市となって1481年にスイス盟約者団に加わった。

　出られて、城壁が見られる。反対に左(マルクト小路)に行くと、**ラートハウス**が見えてくる。その手前に15世紀の建物を利用した**フリックタール博物館**がある。ラインフェルデンの歴史を知るには必見である。ラートハウスは1531年の火災後再建されたものだが、正面はバロック様式である。脇にある塔はコンラートによる都市建設時の城壁と考えられている。ラートハウスの中庭にはツェーリンゲン・テーブルがある。ツェーリンゲン都市としてスイスで最初に建設されたことを記念して、他の都市が送ったもので、ツェーリンゲン諸都市の紋章が並べられている。また、中庭の壁には20世紀初頭にヴィンケルリートの勇姿が描かれている。スイス独立戦争の一つである1386年のゼンパハの戦いで、果敢に戦い抜いた伝説の英雄像である。19世紀の初頭にスイスに編入された町の愛国心の表現だろうか。
　フリックタール博物館の前のシェルメン・ゲッスリ(悪党小路)に入った、リンダー小路の所には三十年戦争の仕立屋の話にまつわる時計仕掛けがある。リンダー小路はマルクト小路と並んで、ラインフェルデンの雰囲気を良く伝える静かな街並みである。

〈オテル・ド・ヴィルから聖堂へ〉
　フリブールは急坂の多い町で、地図上で見た感じと実際は相当に違う。観光をするにはあらかじめアップダウンを計算に入れる必要がある。駅から**オテル・ド・ヴィル**(カントン庁舎)のある中心街に行くルートは二通りある。わかりやすいのは駅前通りからロモーン通りへ出て、そのまま広場を通り抜けまっすぐローザンヌ通りを下るのがよい。この通りには16～18世紀の建物が並び、さまざまな店舗が開かれている。ウィンドウ・ショッピングしながら道を下ると、フリブールの象徴であるサン・ニコラ聖堂が正面に見えてくる。
　広場に出た所で、右の方に行くと、オテ

ル・ド・ヴィルの広場に出る。オテル・ド・ヴィルは断崖の突出部分に建てられて、フリブールが建設されたときにはここに城塞があった。その跡にオテル・ド・ヴィルが建てられた。現在の建物は1501～22年に建設され、正面から見ると3階建だが、断崖側は7階になっていて、豪壮である。建物の前にあるサン・ジョルジュ噴水はハンス・ガイラー派の1525年の作品である。隣りにある菩提樹の木は通称「ムルテン菩提樹」とよばれる伝説の記念樹である。

1476年ムルテンの戦い(→p.66)で、日の出の勢いのブルゴーニュ侯シャルル豪胆侯にスイス盟約者団が勝利した。一人の伝令がその吉報を伝えるためにムルテンからフリブールまで全力で走り続けた。伝令は

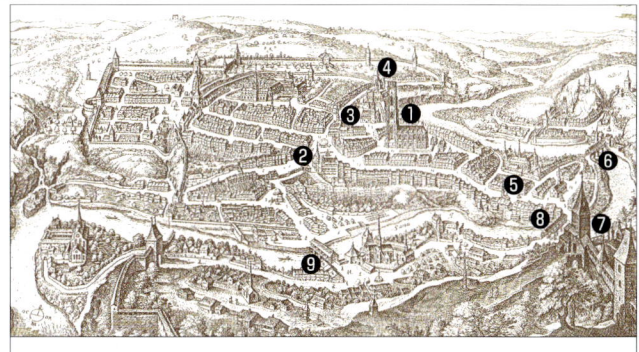

① サン・ニコラ聖堂
② オテル・ド・ヴィ
③ ノートル・ダム教会
④ コンドリエ教会
⑤ アウグスティヌス修道院
⑥ ベルン橋
⑦ ブルギヨン門
⑧ ミリュー橋
⑨ サン・ジャン橋

ツェーリンゲン家の建設都市

ムルテン菩提樹とサン・ジョルジュ噴水

サン・ニコラ聖堂

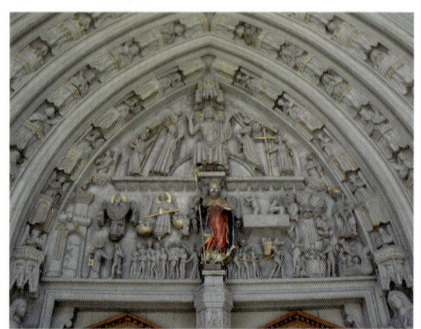

エプーズ通りの看板

サン・ニコラ聖堂　タンパン「最後の審判」

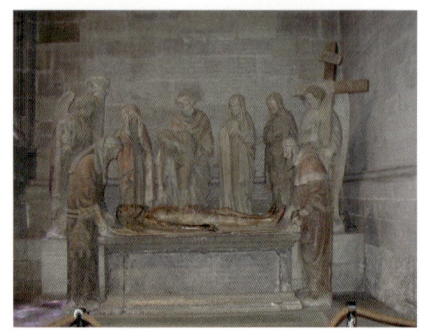

サン・ニコラ聖堂内部(聖埋葬礼拝堂)

勝利を伝えるとともにその場にばったり倒れ息絶えた。伝令の帽子に菩提樹の小枝がさしてあったので、それを倒れた場所に植えたという。この菩提樹は樹齢500年を越えていたが、1983年に泥酔した運転手の車に衝突されて、倒れてしまった。現在は場所を少し移して若木が植えられているが、ムルテン〜フリブール間の戦勝記念マラソンは現在もおこなわれている。

　オテル・ド・ヴィルからグラン・リュ(大通り)を少し下り、左へ狭いエプーズ(伴侶)通りに入ろう。そのあたりには素晴らしいゴシック建築が見られる。エプーズ通りの頭上には、夫婦の人形と「ここは敬虔な妻の道であり、模範的な夫の街角である」

と書かれた看板が架かっている。ここは幸せな夫婦だけが通れるという話だが、キリストの伴侶と考えれば、教会への道となり、実際にこの道はサン・ニコラ聖堂に出る。

サン・ニコラ聖堂は1283年から建設され始め、八角形の巨大な塔が完成したのは1490年頃といわれる。典型的なゴシック様式で、高さ76mで、365段の階段を登ると、素晴らしい眺望が開ける。バラ窓の下のタンパン(正面入口の頭上)にある「最後の審判」は14世紀の作品である。中央にキリストが座り、その左下には天国の門へペテロによって導かれる選ばれた者が、右下には悪魔によって地獄で苦しめられている罪人が描かれている。入口の左右には使徒たちの素晴らしい立像があるが、オリジナルは美術・歴史博物館で間近に見られる。

聖堂内部ではステンドグラスが興味深い。ポーランド人メホファのデザインになるアール・ヌーヴォーの作品で、1895〜1936年にかけてフリブールのガラス職人によって完成されたものである。次に、入口近くの聖埋葬礼拝堂にある後期ゴシックの彫刻群(1433年作)を見逃さないこと。脇のステンドグラスは1976年のマネスシィエの作品だが、青色を基調とした近代的な作品を通してくる光が、キリストの死を悲しむ人物の姿と奇妙に調和している。

〈コンドリエ教会〉

フリブールで見逃してはならないもう一つの教会を紹介しよう。聖堂正面の道から広場に進むと、**ノートル・ダム教会**、ついで**コンドリエ教会**に行き着く。ドイツ語でいえば、フランシスコ会の教会である。この教会は1256年に建設され始め、13世紀末には完成したが、何度となく改修されている。内部で見るべきものは、内陣の祭壇画(1480年作)である。作者は未詳だが、ネルケンマイスターとよばれている。作品に必ず赤と白のカーネーション(ドイツ語ではネルケン)が描かれていることからこの名前が付けられている。祭壇画は7.02×2.14mと大きく、その中央には十字架のキリストとその左右にマリアと洗礼者ヨハネ、さらにその左右に聖フランシスコをはじめとする四人のフランシスコ会の聖人、祭壇の左翼にはキリスト生誕図、右翼には三王礼拝図が描かれている。この祭壇画を見るだけでもこの教会に寄る価値がある。その他、入口の右側にあるゴシック様式のフルノ祭壇の彫刻もぜひ見たい。金箔が施されたぴかぴかな祭壇だが、16世紀初頭のエルザス地方の作品といわれている。

コンドリエ教会を出て、ムルテン通りを登っていくと、**美術・歴史博物館**に行ける。博物館は二つの建物からなっているが、入口のある側の建物は16世紀のルネサンス様式で、羊毛取引で豊かになった都市貴族ジャン・ラッツェの館であった。ムルテン通りを挟んだ反対側の建物は旧屠殺場(とさつ)で、

コンドリエ教会内フルノ祭壇

1981年に改築され、両建物はムルテン通りの下を地下で結ばれている。1501〜10年の間フリブールのお抱え絵師であったハンス・フリースの絵や後期ゴシック・ルネサンスの彫刻・絵画を見ることができる。

〈プティ・サン・ジャン広場〉

　道を戻って、サン・ニコラ聖堂を通り過ぎて、サリーヌ川に架かるツェーリンゲン橋を渡ろう。橋の中央から川上を見ると、まさに絵のような景色が展開する。サリーヌ川に架かる屋根付きのベルン橋、左手にベルン門・猫の塔・赤塔と城壁が見える。中央上方の谷間に架かるゴデロン橋がなければ、中世そのままだ。もっともこのゴデロン橋からこちら側を見ると、サン・ニコラ聖堂を含めフリブールの眺望が楽しめる。

　ベルン橋をめざしてツェーリンゲン橋を渡って右へ行けば、自然と城壁に沿ってベルン門に下っていける。屋根付きの**ベルン橋**は1250年に造られた40mほどの木橋である。橋を渡った正面に瀟洒な**コウノトリ亭**という宿屋がある。窓にロココ風の絵が描かれているが、もとは1211年に建てられ、アウグスティヌス(オーギュスト)修道院を訪れた人のための宿坊であった。コウノトリ亭の右側の道を行き、さらに右へオーギュスト通りを登っていけば、**アウグスティヌス修道院**の教会に行ける。現在は**サン・モーリス教会**とよばれる教区教会になっているが、典型的な托鉢修道院教会の姿をしている。内部には「アウグスティヌスのピエタ」というショッキングなマリア像がある。十字架から降ろされたキリストを抱くマリアの胸に7本の刀が刺さっている。1650年の比較的新しい作品だが、心の痛みを表現するにしても強烈である。

　この教会の周辺はオージュ地域とよばれ、キーブルク家によって13世紀に拡張され

ツェーリンゲン橋から見る城壁。ベルン橋(下)とゴデロン橋(上)　　アウグスティヌス教会のピエタ

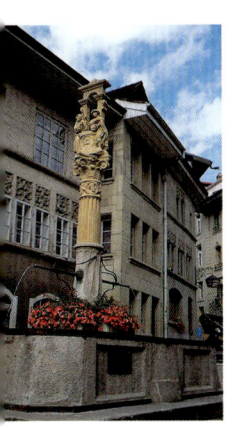

サマリタンの噴水　聖アンナ噴水

た所だが、観光客もほとんど見られず、本当に中世にタイムスリップした感じを受ける。オーギュスト通りと並行するサマリタン通りに出て、急な階段を登ると、グラン・リュに戻れる。下ると、プティ・サン・ジャン広場に出る。途中に1551年にハンス・ギーンクによって制作された**サマリタン噴水**がある。その前の家にはトレサリー（ゴシック様式の窓の飾り格子）があり、みごとである。プティ・サン・ジャン広場にもハンス・ギーンク作の**聖アンナ噴水**がある。ベルンの噴水は有名だが、フリブールの噴水もベルンと同じ時期の作品でやはり見応えは十分にある。

〈ロレット礼拝堂〉

　プティ・サン・ジャン広場を抜けて、石の太鼓橋・ミリュー橋を渡ろう。橋から見上げるフリブールの家並みの景色もまた素晴らしいが、先を急ごう。道なりにまっすぐ行くと、大きな**旧穀物倉**（1708年建築）が見えてくる。そこから右の方へ下ると、サン・ジャン橋（1746年）になるが、ここで左の狭い道に入って**サン・ジュスト礼拝堂へ**の山道を登ろう。山道を登るにつれて、フリブールの家並みが次第によく見えてくる。サン・ジュスト礼拝堂からロレット通りを左にとってさらに登ると、**ロレット礼拝堂**に到着する。そこのテラスから見るフリブールの町はまさに絶景で、苦労して長い坂道を歩く価値がある。

　帰りはサン・ジュスト礼拝堂、**モントルジュ修道院**を通り過ぎて、緩やかな下り道を歩いて旧穀物倉の所に戻り、サン・ジャン橋で再びサリーヌ川を渡ろう。そこはヌーヴヴィル地区、つまり「新町」を意味する地区に入る。「新しい」といっても、断崖の上の12・13世紀に建設された地区に対して新しいのであって、実際は15〜18世紀の家並みの連続だ。これらの家並みを見ながら急坂を登って、オテル・ド・ヴィルへ戻ることができる。しかし、新町（ヌーヴィル）通りを左に行き、1889年来稼働しているケーブルカーに乗るのが賢明であろう。1分間で68mの高さを運んでくれる動力は水そのものという超省エネ、環境に優しいケーブルカーである。原理は簡単。上にあるケーブルカーに水を入れ、その重みで下のケーブルカーを引き上げ、下へ降りたケーブルカーはそこで排水する。こうして上の町と下の町が楽につなげられる。しかも水は上の広場に集められている廃水が利用されているのである。このケーブルカーを体験しない手はない。

　上の町に戻れば、フリブールをほぼ一巡したことになる。フリブールはスイスの町の中でも、急坂が多く観光には体力がいるが、興味つきない町である。

ベルン Bern
―噴水にいろどられた町―

時計塔

〈町の歴史〉

　スイス連邦の首都ベルンは、中世の建設都市の面影を典型的に残す町だ。1983年に世界文化遺産に登録されたことはうなずける。ベルンはアーレ川湾曲部の半島状になった段丘の上に建設された、ヨーロッパ中世都市史上でも典型的な建設都市である。南ドイツからスイスに勢力を張り出したツェーリンゲン家が支配の拠点としたものだった。ローザンヌ司教とコンスタンツ司教の境界線になるアーレ川の重要な渡河点にツェーリンゲン家はまずニーデック城を築いた。そして1191年に城の堀からクロイツ小路までが建設された。1218年にツェーリンゲン家が断絶して帝国都市になると、ベルンはただちに都市拡大をおこなった。現在の時計塔が城壁の中央に西門として、防備のために建設された。

　大空位時代にはベルンはサヴォワ家の保護下に入るが、そのとき（1256年頃）に二度目の都市拡張をおこない、新たに西門（現在の牢獄塔、1641～44年に再建され、1897年まで実際の牢獄に使われた）を作り、かつての西門（現在の時計塔）を牢獄塔に転用した。さらにベルンがスイス盟約者団に加盟する前後（14世紀中頃）に三度目の都市拡張をおこない、現在のベルン中央駅付近まで都市領域は広がった。駅の地下道にはそのときの城壁とクリストッフェル塔の跡を見ることができる。

　14世紀後半には比較的大きな都市が誕生した。しかし、それまでの都市は木造建築であったため、1405年の大火で灰燼に帰した。時計塔も火災後石造りとなったが、現在の時計塔はそれを基礎に1770～71年にバロック様式で造られたものである。ただし、時計は1530年制作の貴重な遺産である。この時計塔はベルン市街の中心にあって、時計仕掛けが観光の中心になっている。仕掛けは毎正時の4分前から動き出し、雄鶏が時を告げ、ベルンのシンボルである熊の行列が踊り、道化師が鐘を鳴らす。この時計塔を中心にベルン市街を歩いても、道路は細長い碁盤の目になっているので迷うことはない。

〈バラ公園から旧市街へ〉

　ベルン観光の一番のお勧めは中央駅前からバスに乗って、まず**バラ公園**に行くことである。バスは旧市街の一部を通って、アーレ川を渡り、遠回りをする感じで、バラ公園に行く。バラ公園からはベルン旧市街が一望できる。光の具合で午前中がよいが、レストランで食事をしながら、たっぷりとベルンを眺めていても飽きることはない。

　帰りは徒歩で旧市街を眺めながら、急な坂道を下ると、左手に**熊公園**（正確には熊堀「ベーレングラーベン」）に出る。ベルンという地名は熊（ベーレン）に由来する。ベルンを1191年に建設したツェーリンゲン公ベルトルト5世がこの地で狩りをし、最初の獲物が熊であったという伝説に由来する。1480年以来熊はこの堀に飼われ続けてい

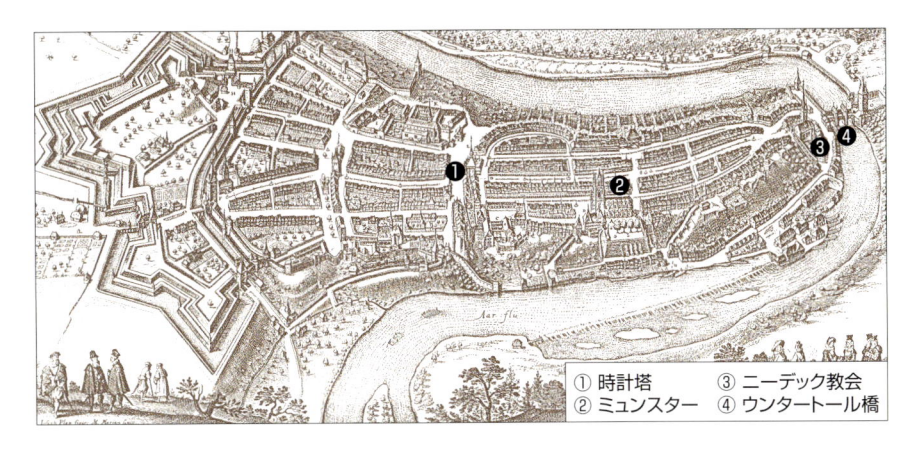

① 時計塔　　③ ニーデック教会
② ミュンスター　④ ウンタートール橋

① リフリの噴水
② バグパイフ吹きの噴水
③ 射手の噴水
④ アンナ・ザイラーの噴水
⑤ 子ども食いの噴水
⑥ ツェーリンゲンの噴水
⑦ サムソンの噴水
⑧ モーゼの噴水
⑨ ロイファー噴水
⑩ 正義の噴水
⑪ 旗手の噴水

るという。熊公園からはニーデック橋を渡れば、旧市街に行ける。橋は川面から25mの高さに架かり、橋の中央から見るアーレ川と河畔の町の眺めは素晴らしい。すぐ下流を見れば、下方にウンタートール橋が見える。足に自信があれば、いったんニーデック橋を戻って、坂を下ってウンタートール橋を渡って旧市街に入ることを勧めたい。

　ウンタートール橋は1844年にニーデック橋ができるまで、アーレ川を渡れる唯一の橋であった。スイスではもっとも古い橋の一つで、1460年代に木橋に替えて、石造りになった。トールと名づけられているように、かつては橋には城門があった。橋を渡った所に**ロイファー**(伝令)**噴水**がある。ハンス・ギーンクの1546年以前の作品で、肩に槍をかつぎ、左手にはスイスの両刃短剣を抱え、腰には書類ケースを巻いている。伝説では、フランス国王の所に使い

に出た伝令が、国王からお前はフランス語ができないのかと批判されたことに対し、「あなたはドイツ語がおできにならない」と言い返したという。この大胆不敵な勇気ある言動をたたえた噴水である。

ロイファー噴水のある広場から、アーレ川を遡るように、**ゲルベルン(鞣皮工)小路**を歩いてみよう。名前のとおり中世では、皮鞣しがおこなわれた地域や、その他の手工業者も居住していた地域である。この道の38〜48番地では中世末期の家屋群を見ることができる。さらにそのまま進めば、途中(バーデ小路)にエレベーターがあって、ミュンスター展望台に上がれるが、いったんロイファー噴水に戻ろう。

ゲルベルン小路をロイファー噴水へ戻る手前に**レンテ門**の名残りがある。アーレ川の船渡し場があった所である。左手の階段を登ると**ニーデック教会**に登れる。この教会は13世紀に破壊されたニーデック城の跡に作られ、14世紀中頃に最初の建築があったらしい。教会の脇にはベルンの建設者ベルトルト5世の像がある。

ニーデック教会からポスト小路へ歩むと、16〜18世紀に建てられた建物を見ることができる。ポスト小路をそのまま進むと、**ラートハウス**(旧市参事会館)が右側に見えてくる。1405年の火災後06〜17年に建設され、旧市街では教会施設を除けば、一番古いゴシック様式の建物である。ラートハウスの前には**旗手の噴水**(1542制作)があり、甲冑を身につけ、左手に剣、右手にベルンの旗を掲げている。

ベルンの噴水ではおそらく**正義の噴水**が一番見応えがある。ポスト小路の中程でラートハウスに向かって左に細い道(アントニエ小道)を入り、正義(ゲレヒティッヒ)小路に出た所にある。1543年のハンス・ギーンクの作で、正義の女神が耳目をふさぎ、正邪の判断をする秤を左手に、裁きの剣を右手にかまえている。女神の足下には教皇、スルタン、皇帝、市長の半身像がある。それぞれ神政、君主制、貴族制、共和制を象徴するといわれる。

女神の顔が向いている方向に正義小路を登っていけば、クロイツ小路にまじわる十字路に出る。右に行けば先程見たラートハウス、左に曲がればミュンスター、まっすぐクラム小路を行けば、時計塔に至る。クラム小路の始まりに**クロイツ小路噴水**があるが、オベリスク風の柱だけで像はない(1778〜79年作)。クラム小路にはさらに二つの噴水がある。**サムソンの噴水**はハンス・ギーンクの1544年の作品で、ライオンの口を巨人サムソンがこじあけている。時計塔の近くには1535年制作の**ツェーリンゲンの噴水**がある。ベルンの建設者、ツェーリンゲン公ベルトルト5世を記念した噴水で、熊が馬上槍試合をするときの甲冑姿で立っている。

クラム小路はベルンのもっとも美しい街並みだが、ほとんどが18世紀前半に形作られたものである。道路の両側にはアーケードがあり、その下に各家の地下室があって、階段下をのぞくとブティックなどになっている。買い物・散歩には楽しい街並みである。サムソンの噴水近く、クラム小路49番地に、相対性原理の発見者アインシュタインが一時住んだ家がある。2階の窓からクラム小路を見下ろせるので、それだけでも入場する価値がある。また、29番地は**商人のツンフト会館**で、1718〜22

旗手の噴水	正義の噴水	リフリの噴水
サムソンの噴水	子供食いの噴水	射手の噴水
アンナ・ザイラーの噴水	バグパイプ吹きの噴水	モーゼの噴水

ツェーリンゲン家の建設都市 | 61

年にベルンの建築家シルトクネヒトによって作られたバロック末期の作品である。

〈ミュンスター(聖ヴィンツェンツ大聖堂)〉

　クロイツ小路からミュンスターの裏側を経て、ミュンスター展望台に出よう。ここは1334年以降に作られた高台で、15世紀中頃まで墓地に利用されていた。宗教改革のときには破壊された聖画像がここに積み上げられた。その後は菩提樹、ついで橡(とち)の木が植えられ、現在では市民のさまざまな催し場になっている。ここから見下ろすアーレ川と対岸の景色は見逃せない。

　展望台からさらにミュンスター広場、大聖堂の正面入口に回ろう。ベルン観光のハイライトはやはりミュンスター見学である。ミュンスターも火災後の1421年から建設され始め、宗教改革のおこなわれた1528年以降も長期に建設が続行された。長い休止期を経て、1889～93年にやっと塔が完成している。基本構造は後期ゴシック様式で、三身廊のバシリカである。このミュンスターで見落とせないのはタンパンの彫刻群である。1450～75年頃にエアハルト・キュンクが制作した「最後の審判」である。この作品には圧倒されるが、コラムで詳しく紹介しよう。

　聖堂内部では内陣のステンドグラスが素晴らしい。1441～50年に作られ、一部は1520年の雹(ひょう)で破壊されたが、19世紀末に修復されている。中央のステンドグラスの下段に「キリストの受難」、上段に「キリストの磔刑(たっけい)」が見られる。注目したいのは左手前の「神秘の水車」とよばれるモチーフを含むステンドグラスである。上段には出エジプト記の「マナの雨」と「ホレブ

神秘の水車のステンドグラスと「神の水車」の木版画

の岩」の話が描かれ、下段に「神秘の水車」が描かれる。「ホレブの岩」から流れ出た水が、川となって下段に流れ、その流れをキリストの代理者ペテロが調節して水車を動かしている。穀物にたとえられた聖書の言葉が臼で挽かれ、ホスチアが臼の導管から流れ出る。その先に幼子キリストが生まれ出て、キリストの前には「私は……生きたパンである。それを食べる者は、いつまでも生きるであろう」と書かれた帯が見える。「パンの中にキリストが現在する」というカトリック教会の聖体についての教え(化体説)がはっきりと描かれている。

　のちにチューリヒの宗教改革者になるツヴィングリが、少年合唱隊員としてこの場所で歌っていた。したがって、彼はこのモチーフを熟知していたと考えられ、これを利用して聖書を生きたパンにたとえた「神の水車」という木版画パンフレットを作成した。改革の基本を訴えた聖書主義を人々の熟知したカトリック時代モチーフを利用し、教えている。宗教改革の歴史のうえで、このステンドグラスは重要である。

〈噴水巡り〉

　ミュンスターを出た所に**モーゼの噴水**が

ミュンスター正面入口の「最後の審判」

　ベルンでは宗教改革のときに聖画像破壊が激しくおこなわれたが、奇跡的にこの素晴らしい234体の彫刻群はほとんど無傷で残された。その理由はいろいろ説かれているが、さだかではない。一説ではその美術的価値が高かったためと言われるが、説得力はない。

　一番外側のアーチ中央に裁き人キリストがいて、その左右にはマリアと洗礼者ヨハネが執りなしをし、その下にはそれぞれのシンボルをかかえた十二使徒の彫刻が見える。二番目のアーチには8人の預言者たち、三番目のアーチにはキリストの受難具をかかえた5人の天使がいる。タンパンではまさに「最後の審判」の主要シーンが演出されている。丸窓の両脇には天使がトランペットを吹き、審判の開始を知らせている。シーンの前面では大天使ミカエルが善悪の秤(はかり)をさげ、大きな刀を振り上げている。彼の左側(向かって右側)では永劫の罰を受けた者たちがあらゆる拷問を受けている。凍った川に閉じこめられた者、舌で絞首刑台に吊るされた者、業火に焼かれる者が描かれる。他方、ミカエルの右側では選ばれた者たちが至福の顔をして描かれている。金色の天国への門があり、天使が王冠を持って迎えている。

　タンパンの前には正義の女神が剣をかまえている。この像だけはダニエル・ハインツの手になる1575年の作品である。もともとはここにマリア像か聖ヴィンツェンツ像があってしかるべきである。おそらく聖画像破壊の犠牲になり、新たに作られたものと考えられる。

　扉の左右には5人の賢い乙女と5人の愚かな乙女の立像がある。その典拠は新約聖書(マタイ伝第25章)の花婿を待つ乙女のたとえ話である。花婿を迎えるにあたって5人の賢い乙女は周到にランプに油を用意していたが、愚かな乙女は油を切らせ、花婿が遅れて到着したとき出迎えることができなかった。つまり、最後の審判を迎えるためにはつねに準備を怠ってはならないという警告として10人の乙女の話はあるのである。

　ミュンスターの最後の審判に見られる234の彫刻のうち、大きな彫刻はすべてレプリカで、オリジナルはベルン歴史博物館に現在は所蔵されている。そこでは近くでじっくり眺められるので、博物館に所蔵されている他のものとあわせて見ておきたい。

ある。16世紀のスタイルをとっているが、1790・91年に再建されたものである。注目点はモーゼがさし示す石版の位置である。十戒の第二戒「偶像崇拝の禁止」部分をさし、宗教改革の聖画像破壊を是認しているように見える。

ミュンスター広場を通り抜けて、ミュンスター小路を進もう。突きあたった所を左に行き、キルヒェンフェルト橋を渡れば、歴史博物館に行けるが、右に進めば時計塔にでる。時計塔の下をくぐって、まっすぐ行くとマルクト小路だが、右手に行くと、**子供食いの噴水**に至る。恐ろしい形相をした男が次から次へと子供に頭から食らいついている像が見られる。1544年の古い作品だが、何のためにこのような噴水塔があるかについては諸説がある。陽気なカーニヴァルを寓意しているとか、昔この近くに堀があり、子供が危険な堀に近づかないように恐ろしげな姿を見せていたとか、いろいろ言われている。しかし、昔はこの子供食いの像は黄色に塗られていたという。中世都市一般に見られたユダヤ人蔑視の象徴と考えられる。ユダヤ教では宗教儀式に子供を食したと根も葉もない話をでっちあげていたのである。

この噴水を通り過ぎた先に**コルンハウス**がある。1711〜18年の盛期バロック建築で、かつては穀物とブドウ酒が貯蔵され、1階で市が開かれていた。現在はレストランと博物館になっている。コルンハウスのすぐ後ろには**フランス教会**がある。もともとは1280〜1310年に建築されたドミニコ会修道院であったが、宗教改革で廃止されて、1623年以降フランス語を話すプロテスタント住民の教会になった。

フランス教会からマルクト小路に出る細い道に入ろう。マルクト小路に出ると、**射手の噴水**がある。甲冑に身を固めた騎士の姿をしているが、足下の熊がマスケット銃をかまえている。射手の名の由来はこの熊の姿によるのだろう。この噴水もギーンクが1543年に制作したもので、ビールの町のリンク広場にある噴水のお手本になったと考えられている（→p.88）。

マルクト小路を牢獄塔に向かうと、**アンナ・ザイラーの噴水**（1548〜49年作）がある。アンナは1354年にベルンの貧窮者のために全財産を投げ打って、病院を作った女性である。像はブドウ酒に水を混ぜている姿で、ブドウ酒を水割りにして亭主に節制をさせようとするふつうの女性市民を描いたものといわれるが、アンナをたたえた噴水塔であることには違いがない。

牢獄塔を出ると、そこはベーレン広場で、左に行くとブンデス広場から**連邦議事堂**に出る。ベルンが1848年にスイスの首都になったのち、連邦の象徴として1894〜1902年に建設された。右に行くとヴァイゼンハウス広場を経て**ベルン美術館**に行ける。ベルンを代表するパウル・クレーや宗教改革時代の画家ニコラウス・マヌエルの作品を見ることができる。ヴァイゼンハウス広場の手前の道アールベルガー小路を入ると、**リフリの噴水**がある。この噴水も16世紀中葉の作品で、リフリとは伝説上の石弓の名手である。

牢獄塔からまっすぐシュピタール小路に歩を進めれば、**バグパイプ吹きの噴水**（1545〜46年制作）が見えてくる。バーゼルにあるホルバイン噴水と呼ばれるバグパイプ吹きの噴水（1546年頃）にうり二つだ。その先に

1726～29年に建設された**聖霊教会**がある。バロック様式で内部は14本のコリント式の柱で支えられたホール（ハレンキルヘ）になっている。この教会はベルン中央駅のそばにあり、ベルンを一巡したことになる。

ムルテン／モラ
Murten/Morat
―スイス最古の城壁を誇る町―

〈ムルテンの城壁〉

ムルテンは独仏両言語が話される町で、フランス語表記ではモラとよばれる。狭い町なかに**フランス教会**とドイツ教会がある。町は少しいびつな感じの正方形の形をしているが、北の角にフランス教会があって、そこからムルテン湖を見下ろす景色は素晴らしい。**ベルン門**をはさんで東の角には**ドイツ教会**が市壁と一体化するように建っている。ドイツ教会のすぐ近くにある牧師館で19世紀のスイスの代表的作家イェレミーアス・ゴットヘルフ（1797～1854）が生まれている。歴史を題材にあつかった彼の作品『黒い蜘蛛（くも）』『奇妙な下女エルジー』は邦訳されている。

ドイツ教会の脇から城壁に上がることができる。城壁から市外を見下ろすと、カトリック教会が見える。1530年にムルテン市民は評決によって宗教改革を導入し、改革派となったため、カトリック教会は19世紀になって市壁外に建てられた。宗教改革化にはベルン邦の強い影響があったため、15世紀まではフランス語を話す住民が優勢であったが、17世紀には逆転して、ドイツ語を話す住民が次第にふえていった。現在ではドイツ語を母語にする住民のほうがはるかに多く（73％）なっている。

城壁は1238年に建設され、12の塔を備え、高さが8.5mもある。1469年のブルゴーニュ戦争後に改築されているが、城壁から町を見下ろすと、家並みの向こうにムルテン湖、はるか後方にはジュラ山脈が

ドイツ教会

ムルテンの城壁よりジュラ山地、ムルテン湖を望む

見え、絶景である。ただし、家並みがそのまま中世の町の様相を示しているわけではない。1416年の火災で木造家屋が燃え、その跡に石造りの家屋が造られるようになったからである。中でもシュロス(城)小路にある**リューベンロッホ**は16世紀の見る価値ある家屋であり、ホテル・ムルテンホーフは1476年建築の後期ゴシック様式の貴重な建物である。

〈小ベルン〉

現在の町の基礎を築いたのはツェーリンゲン家で、この地の支配権を獲得した1180年頃に都市を建設した。したがって、ミニ・ベルンの雰囲気があり、中央小路(ハウプトガッセ)の両側はアーケードになっている。ツェーリンゲン家が断絶すると、スイスの多くの都市同様に帝国都市となった。城壁を建設して「都市の自由」を守ろうとしたが、ムルテンは諸侯、とくにサヴォワ家とハプスブルク家の争奪の的になった。1255年に「小シャルルマーニュ」とあだ名されたサヴォワ家のピエール2世がムルテンを保護下におき、町の南西に城を築いた。83年にはハプスブルク家出身の国王ルードルフが武力でムルテンを奪取したが、彼の死後ふたたびサヴォワの支配に戻った。1471年以降にはサヴォワ家出身のロモーン伯の支配を受けるが、ロモーン伯はブルゴーニュ侯家のシャルル豪胆侯の熱心な支持者であった。そのためムルテンはブルゴーニュ戦争の第二の戦場になった。

1475年、ベルン邦とフリブール邦はムルテン市民の了解のもとに2000人の兵をムルテンに駐屯させ、シャルルと対峙(たいじ)した。グランソンの戦いに敗北したシャルルは起死回生の大軍2万人を派遣し、6月9日からムルテンを攻囲した。スイス盟約者団の援軍2万5000人はやっと6月22日になってやってきたが、シャルル軍の退路を断ち、徹底的に打ち破った。スイス軍側の死者はわずか200〜300人であったが、シャルル軍の戦死者は8000〜1万人におよんだという。日の出の勢いのシャルルを打ち破ったスイス軍はこれ以降ヨーロッパ列強の一員となって、16世紀の戦いの時代を迎えることになる。

一方、ムルテンはブルゴーニュ戦争を契機にベルン邦とフリブール邦の共同支配地となり、5年交替で両邦から代官が派遣され、1798年に至るまで統治されることになった。ムルテンは財政が豊かではなかったために、城壁を取り壊せず、それがかえって幸いし、現在の観光の目玉になっている。

ゾーロトゥルン Solothurn
―バロックの香りがする町―

ゾーロトゥルンは888年以降ブルグント王国に属し、その王宮を核に中世都市の形

成が進んだ。しかし、ブルグント王国が神聖ローマ帝国に属してのち、1127年以降にはツェーリンゲン家がブルグント王国支配の皇帝代理者となるので、現在の都市プランは基本的にツェーリンゲン家の建設計画に負っているといわれる。現在の町は17〜18世紀の雰囲気を漂わせ、バロック的都市像を見せてくれる。1481年にゾーロトゥルンはスイス盟約者団に加盟したあと、1530年から1792年までフランスの交渉窓口であった。フランス大使が常駐し、都市上層市民は大使との交流から強くフラン

ゾーロトゥルン

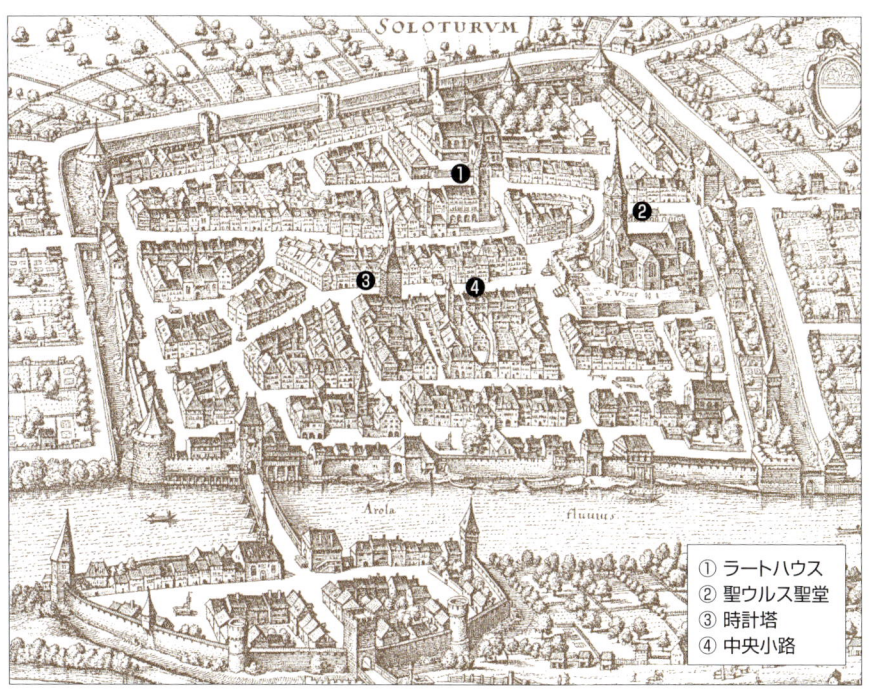

① ラートハウス
② 聖ウルス聖堂
③ 時計塔
④ 中央小路

ツェーリンゲン家の建設都市 | 67

聖ウルス聖堂（上方）

イエズス会教会内部

スの影響を受け、都市の雰囲気にもそれが影響し、今日に至っている。

〈聖ウルス聖堂〉

　町の中心街は、1548年のハンス・アスペルや1654年のメーリアンの木版画とほとんど変わっていない。中央小高い所に**聖ウルス聖堂**がそびえており、ここを起点に町を歩いてみよう。ウルスは、キリスト教徒の迫害の折に殺戮（さつりく）されたマウリティウス（サン・モーリス）が率いたテーベ軍団の兵士であった（→p.108）。兄弟のヴィクトールとともに逃れ、ゾーロトゥルンでキリスト教迫害に遭い、殉教死した。その墓地に建設されたのが聖ウルス聖堂だといわれるが、現在の聖堂は1762～73年に建設され、スイスにおける代表的な初期古典主義の教会建築物である。聖堂内はスタッコをもちいた装飾、大理石の祭壇など明るい感じに満ちている。

　興味深いのはこの聖堂が11という数で構成されていることである。聖堂参事会員の人数は11人、祭壇が11、司祭も11人で、鐘も11である。さらに、聖堂に登る正面階段は三段階に分けられているが、それぞれが11段となっている。11という数字はゾーロトゥルンの聖なる数字で、ツンフトの数も11。ツンフトを基盤とする市参事会員数も11の倍数となっている。

　聖堂正面を見ると2階建になっていて、2階の部分にはイタリア風にたくさんの殉教者たちの塑像が見える。そもそも正面階段の両脇にモーゼとギデオンの噴水があることからしてイタリア風だ。設計者がピソニというイタリア語圏ティチーノ出身者で、頷ける。正面入口は三つあるが両脇の小さな入口の上に浮彫りがあり、右側はウルスとヴィクトールが異教の神を崇敬することを拒絶する場面、左側は両人が斬首され、殉教する場面である。

〈骸骨のいる天文時計〉

　聖堂の階段を下りて、まっすぐ延びる通りがゾーロトゥルンの中心街で、その名も中央小路である。この通りを少し歩くと、左手に**イエズス会教会**がある。1680～89年に建築された典型的なバロック様式である。正面はローマ風で、4つの壁龕（へきがん）にはイグナティウス・デ・ロヨラやフランシスコ・ザビエルの塑像がある。

　さらに中央小路を下ると、**マルクト広場**に出る。道の真ん中には殉教者**ウルスの噴水**が立っている。16世紀前半の作品である。こうした歴史的な噴水の数もゾーロト

ウルスの噴水　　　　　　　　　　　時計塔

ゥルンでは11あるという。左手にはゾーロトゥルンでもっとも古い建造物が見られる。特色のある**時計塔**である。すでに1408年には史料上で「時の鐘」と記されて出てくるから、それよりかなり古いものと考えられる。塔を下から順に見ると、まず、ゾーロトゥルンの町や、ウルスとヴィクトールを周りに描いた天文時計がある。中程には1545年以来動いている奇妙な仕掛け時計がある。時計の左側に騎士(生者の代表)、右側に骸骨(死のシンボル)がいる。その間にはグノーム(小人)がゾーロトゥルンの礼装をし、道化帽をかぶり玉座に座っている。時刻を告げるときには、グノームは顎を動かし、笑うように見える。骸骨は右手に持つ砂時計を回し、髑髏(どくろ)を騎士に向け、「時がきた」と告げるように頷く。中世末期に各地に見られる「死の舞踏」を思い起こさせる。塔頂では鐘撞(かねつき)人形が時を打つが、これは1452年の作といわれている。

〈ゾーロトゥルンの噴水〉

マルクト広場周辺からビール門に通るグルツェルン小路には興味深い家々が並ぶが、中央小路をそのまま進めば、**正義の噴水**に出る。1561年の制作でルネサンス風の柱の上に目隠しをした女神が秤(はかり)と剣を持って立っている。正義の噴水はほとんどの都市に見られるので、ぜひ見比べてもらいたい。

ビール門はツェーリンゲン時代の面影を残すが、門をくぐり右側に出ると、1534年に作られた新しい**ブリス塔**がある。直径21.2mもある円形の稜堡(りょうほう)で、旧市街の北西の守りである。この塔を回ると、ノルトリング通りの向こう側に白い**カルヴァン派の教会**がある。宗教改革者のレリーフがたくさん飾られている。このノルトリング通りは堀の跡で、これをたどると旧市街の北

ツェーリンゲン家の建設都市　69

正義の噴水

東を守る円形稜堡リートホルツ塔に行き着ける。途中ノルトリング通りの中程左側に**ゾーロトゥルン美術館**がある。ここにはハンス・ホルバインの「ゾーロトゥルンのマドンナ」やホドラーの有名な作品「ヴィルヘルム（ウィリアム）・テル」などがあり、見る価値が大きい。

リートホルツ塔の付近は堡塁や堀が残っている。堡塁の内側の道を南へ歩くと、**バーゼル門**に出る。シュヴァーベン戦争後の1504年に作られ始めて35年に完成している。塔は四角形の5階建で寄棟屋根がのせられ、左右に円形の巨大な石を重ねたどっしりした塔が対称的にある。スイスの他の都市には見られない市門である。

この市門から中央小路が始まり、左側に聖ウルス聖堂があり、町を一巡したことになる。そこから右側の道に入ると**サン・モーリスの噴水**がある。甲冑をつけ、凛々しい兵士の姿である。1556年のハンス・ギーンクの作品である。さらに進むと、巨大な旧武器庫に至る。17世紀初頭に建てられ、現在は博物館になっている。多数の武器・甲冑が展示され、鎧甲だけでも400点ほどあるという。武器庫の脇を通っていくと、広い中庭に出る。ここが旧フランス大使館で、現在は行政庁となっている。

最後に町の中央にある**ラートハウス**を見よう。15世紀末に凝灰石で作られた塔がある。メーリアンの地図では中央に四層のとんがり屋根が見えるが、現在はない。かわりにメーリアンの地図では見られない三層の塔が両側に敷設されている。それらは1623～1711年の間に建築され、マニエリズモ様式である。三層の塔のそれぞれ両脇には柱がオベリスク風に屋根の上までとおされているが、下からドーリア様式、イオニア様式、コリント様式、屋根の部分は蛇腹の尖塔になっている。また、中央の塔の真ん中にある壁龕には都市守護者・聖ウルスの像が見られる。1470年頃の聖ウルス像としてはもっとも古いもので、オリジナルはこの建物の中に保管されている。

ゾーロトゥルンはスイスの都市にしては坂が少なく、観光には比較的楽なバロック都市であり、じっくり鑑賞したい。

ルツェルン　Luzern
―二つの屋根付き木橋のある町―

ルツェルンはスイスの中でもとくに風光明媚な都市である。フィーアヴァルトシュテッテ湖から流れ出るロイス川の両岸にまたがる街並みそれ自体も明るく、きれいであるが、町から湖の向こうにリギ山が見え、

湖上遊覧をすればピラートゥス山をゆったりと眺めることができる。

町はこの湖と川のおかげで発展した。すでに歴史の項でふれたように(→p.11)、町の建設は修道院の所領経営上に出発点があった。ロイス川の南側にある所領を経営する必要からロイス川に橋が架けられ、橋の両側に町が開かれた。それは現在町の中央にあるロイス橋で、1168年には史料的に存在が確認される。

町そのものの建設年は1178年のことだが、1200年頃にアルプス越えのルート、

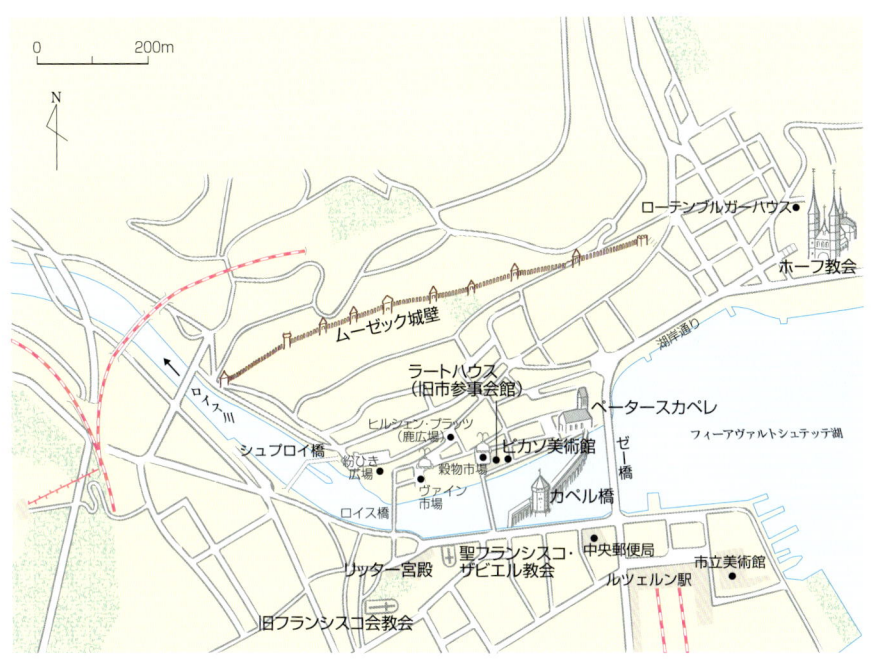

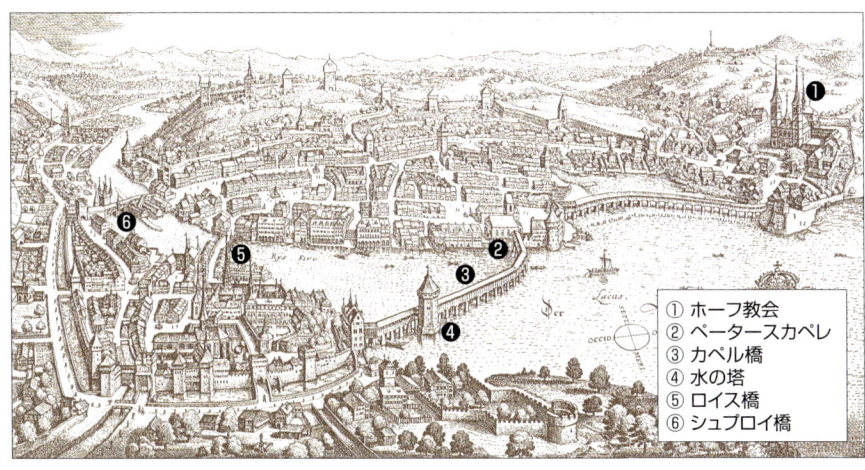

① ホーフ教会
② ペータースカペレ
③ カペル橋
④ 水の塔
⑤ ロイス橋
⑥ シュプロイ橋

ツェーリンゲン家の建設都市 | 71

ピラートゥス山

ザンクト・ゴットハルト峠が開削されると、たちまちルツェルンは重要な商業中心地になった。峠を越えた商人たちは商品をフィーアヴァルトシュテッテ湖を利用して運び、ルツェルンを訪れたからである。

中世のルツェルンには四つの橋があった。最も古い橋はすでにふれたロイス橋で、1859年以前までは上流のカペル橋、下流のシュプロイ橋同様にやはり木橋であった。17世紀のメーリアン図を見てもわかるようにこの橋にだけ屋根がなかった。さて橋をめぐりながらルツェルンを歩いてみよう。

〈カペル橋〉

ルツェルン観光の目玉は湖からロイス川が流れ出る所に架かる屋根付き木橋の**カペル橋**であろう。現在のカペル橋は1993年の火災でほとんど完全に燃え落ちた。翌年に再建されたものだが、1300年頃に作られたヨーロッパにおける現存していた最古の木橋であった。

この橋は右岸のペータースカペレ(礼拝堂)に通じていたので、カペル橋とよばれるが、不思議なのは川に対してほぼ45度の角度で斜めに架けられていることである。これはなぜだろうか。橋が造られた少し前の1291年にルツェルンはハプスブルク家の支配下に入り、ハプスブルク家のいわゆる領邦都市となっていた。ちょうど原初三邦が永久同盟を結び、ハプスブルク家と対峙していたときである。湖の対岸の原初三邦はルツェルンの敵であり、湖上からの攻撃が脅威となっていた。そこで湖からの攻撃を防ぐためにロイス川両岸に広がる町の湖側のはずれを長さ285mの橋で結んだのである(現在の長さは、河岸通りに造ったので200mと短くなっている)。橋に接して高さ34.5mの堅固な八角形の**水の塔**が左岸寄りに立っている。敵の動きを監視する監視塔であったが、後に監獄や拷問所に使われた。橋には屋根がつけられ、厚い板で囲われ、敵から身を守る仕組になっていた。また、橋の前、湖側には柵が建てられ、船の侵入が

カペル橋

カペル橋の絵

ザビエル教会内部

できないようになっていた。町の中央にあるロイス橋を除いて、川からの攻撃を防ぐために橋は一種の防壁であったのである。

　カペル橋の切妻梁(はり)には17世紀初頭に描かれた三角形の板絵がかかげられていた。火災以前には158枚中147枚が存在し、108枚が橋に取りつけてあったが、数枚を残して消失してしまった。現在は描きなおされているが、その作品群は都市聖人レオデガールとマウリティウス(サン・モーリス)の生涯と制作された時期までの都市ルツェルンおよびスイスの歴史を描いている。板絵に付されている詩文は当時の都市書記レンヴァルト・ツィザト(1545～1614)が書いたものであるが、彼は1586年にスイスにおける最初の日本紹介書『新発見の日本諸島・王国、およびこれまで未知の他のインド諸島の真実の報告』の著者でもある。カペル橋を渡る多くの日本人観光客はこのささやかな日本との関連を知っているだろうか。

〈シュプロイ橋〉

　カペル橋の袂(たもと)、駅前通りを下流に向かって歩くと、途中にイエズス会の**聖フランシスコ・ザビエル教会**が見えてくる。1666～77年に建築・完成し、スイスでもっとも古いバロック建築である。ザビエルの栄光を讃える1749年制作の天井画(た)は圧巻である。このイエズス会教会の隣にカントン・ルツェルンの政府建物(**リッター宮殿**)がある。1557年に市長リッターのために作られたフィレンツェのルネサンス様式である。南西方向には、1270～80年に建設された**旧フランシスコ会**の教会もあるが、内部は1733～36年にバロック様式に改築されている。ふたたびロイス川に戻り、ロイス橋を渡らずに、川縁を下っていくと**シュプロイ橋**に出る。このあたりの流れは相当に急流で、かつては右岸側に水車小屋があって多数の水車が稼働していた。新鮮な小麦粉を獲得するには、人口の多い都市では多数の水車が必要であった。水車は都市の風景である。麦の殻をドイツ語でシュプロイといい、ここで川に捨てられたのでこの橋がシュプロイ橋とよばれた。この橋は1400

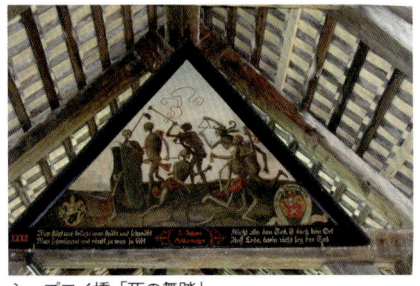

シュプロイ橋「死の舞踏」

ツェーリンゲン家の建設都市　73

ヴァイン市薬局(右)、旧肉屋のツンフト会館(左)

年頃右岸の丘陵にあるムーゼック城壁と時期を同じくして作られた。しかし、この橋を有名にしているのは切妻梁の三角形の部分にある46枚の「死の舞踏」の絵である。ルツェルンの画家カスパール・メクリンガーが1625～35年に描いたものである。

　シュプロイ橋を渡り、左に行けば**ムーゼック城壁**に登ることができる。現在も厚さ1.5m、長さおよそ870mの城壁が残され、スイスでは一番良く保存されている。城壁からはルツェルンの町とフィーアヴァルトシュテッテ湖を見ることができる。足に自信のある人にはお勧めだ。

　シュプロイ橋を右に折れて行けば、古い家並みのある**粉ひき広場**に出る。さらに進めば、ルツェルンの旧市街の中心である**ヴァイン市場**に出る。ここはかつては魚市場とよばれ、チューリヒ、バーゼル同様に中世都市の生活の中心であった。市場の中心には1481年に制作された**コンラート・ルクスの噴水**がある。後期ゴシックのピナクル(小尖塔)状で、巨大な聖体顕示台を思わせる。1467・68年に造られたバーゼルの魚市場の噴水がこの噴水のお手本だったといわれる。この噴水をとりまく家々、とくに**肉屋の旧ツンフト会館、ヴァイン市薬局**などにはフレスコ画が描かれ、噴水の縁に座りじっくり眺められる。少し離れた所にある**鹿広場**(ヒルシェン・プラッツ)にも壁面が絵で飾られた家々が見られる。そのうちの**金鷲亭**には1779年に文豪ゲーテが投宿している。

　鹿広場から**穀物市場**(コルンマルクト)へ川の方向に向かえば、**ラートハウス**(旧市参事会館)がある。当初ラートハウスは魚市場にあったが、15世紀中頃に現在の地に移された。その後17世紀初頭にルネサンス様式とゴシック様式をミックスした様式で造り直されている。どっしりした石造りで、高い四角い塔と大きなスイス風屋根が印象的である。ラートハウスの隣にあるアム・ライン・ハウスは1618年に建築されたルネサンス様式の建物であるが、現在は**ピカソ美術館**となっている。

〈ホーフ教会〉

　ピカソ美術館からロイス川沿いに湖の方向に行けば、ふたたびカペル橋の袂に出る。そこには小さな**ペータースカペレ**があるが、その先でゼー橋を横切れば湖岸通に出られる。この通りの部分に中世では4つ目の橋がかけられていた。385mという長大な屋根付き木橋が右岸の町のはずれからホーフ教会に渡されていた。しかし、それは湖の入江の部分をたんに橋渡しをしたのではなく、湖からの敵の攻撃に備えた橋であった。1834～52年にかけて順次取り壊されたが、この橋にも旧約聖書と新約聖書の物語絵があったという。

　湖岸通りを湖の景色を楽しみながらまっすぐ行くと、**ホーフ教会**に出る。ルツェルンの都市聖人レオデガールを祀っている。

湖上よりホーフ教会を望む

　740年頃この地で修道生活が始められたらしい。フランク国王小ピピンの文書の中で、20年後の760年には立派な修道院になっていたことがわかる。皇帝ロタール1世(皇帝在位840～855、フランク王としては817～855)のときにムールバハ修道院に寄進された。このムールバハ修道院がルツェルンに都市法を付与したことはすでにふれた。

　現在の教会は火災ののち1633年に後期ルネサンス様式で建築されたものである。教会にはイタリア風アーケードで囲まれたクロイスターがあり、ルツェルンの上層市民の墓地になっている。教会内部にはたくさんの祭壇があるが、火災の難を逃れた祭壇が北側身廊(入って左手)の突き当りにある。死の床にいるマリアを彫った祭壇で、1500年頃の上ライン地方で活躍した作者の手になると考えられている。

　教会を出て、右手の方に出ると**ローテンブルガーハウス**がある。1500年頃の木造建築で、都市の住宅が完全に残っているものとしてはスイスで一番古い建物である。ここからはレーヴェン広場までは遠くなく、**瀕死のライオン像**を最後に見学するのもよ

ローテンブルガーハウス

瀕死のライオン

いであろう。1792年8月10日チュイルリー宮殿において、パリ民衆の攻撃からルイ16世を守るために最後まで護衛して死んだスイス人傭兵の記念碑である。

ツェーリンゲン家の建設都市 | 75

3. 北東スイスの都市・城・修道院

　ツェーリンゲン家の支配がおよばなかった北東スイスには多数の小諸侯が割拠していた。早くから比較的大きな力を確保していたのはレンツブルク家であったが、1173年に断絶し、その後キーブルク家やハプスブルク家が登場した。ツェーリンゲン家の断絶後、13世紀に両家はこの地域に多数の都市を建設した。代表例をあげれば、1230年代にバーデン、ツーク、40年代にアーラウ、レンツブルク、フラウエンフェルト、50年代にブレムガルテン、ズールゼーなどがある。12世紀の建設都市とは異なった小さな建設都市ではあるが、現在各カントンの主都あるいは中堅都市となっている。

レンツブルクの城と町
Lenzburg
―極地探検家が住んだ城―

〈極地探検家リンカーン・エルズワース〉

　1926年5月アメリカ人極地探検家リンカーン・エルズワースは飛行船によってアムンゼンらとともに北極点上空通過に成功した。その後エルズワースは35年に南極大陸横断飛行に成功し、空中写真による極地調査に新生面を切り開いている。彼は父親の財産を相続して、アールガウにあるレンツブルク城の所有者であった。彼が51年に亡くなったのちに、未亡人は56年にレンツブルクの町とカントン・アールガウに城を売却し、現在城は**アールガウの歴史博物館**となっている。

〈中世の城と街〉

　レンツブルク城はスイスにおいてもっとも古い城の一つである。19世紀中頃から城の所有者は転々とかわったが、中世においても有力諸侯の手を転々とした。スイスには語尾にガウのつく地名が多いが、これはフランク王国の末期カール1世(大帝)が定めた地方の行政管区(ガウ)の名残で、その管区の支配者が伯である。アールガウという地名は778年に史料上現れているが、レンツブルクの城主がアールガウの伯を名乗ったのは11世紀前半で、10世紀中葉以来チューリヒ帝国代官領の代官の地位にあり、スイス中部の最有力諸侯になっていた。

　レンツブルク伯はザリエル朝下の叙任権闘争では忠実な皇帝派に与して、さらに勢力を強め、バーデン伯領、チューリヒガウの伯権力を得ている。最後のレンツブルク

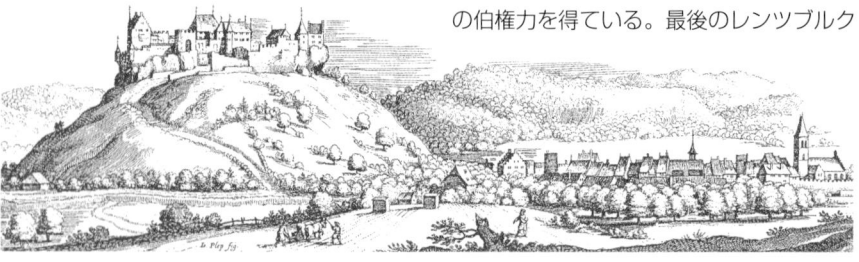

レンツブルク城

レンツブルクの町

ラートハウス小路、奥にレンツブルク城が見える

伯ウルリヒ4世はシュタウフェン朝のフリードリヒ1世(赤髭王、在位1152〜90)と親しくまじわり、嗣子がなかったので赤髭王に多くの所領を遺贈した。1173年レンツブルク城はシュタウフェン家のものになり、チューリヒガウの西半分はハプスブルク家、東半分はキーブルク家の手に渡った。

その後キーブルク家はたくみな婚姻政策によってレンツブルク城を獲得するとともに、城下にレンツブルクの町を建設した。町には当初城壁などはなく、週市が開催され、わずかに下級裁判権が与えられた程度で、完全に領主の支配下にあった。北東スイスの有力な領主となったキーブルク家も1264年に断絶し、同家の支配権はハプスブルク家に移った。レンツブルクも相続したハプスブルク家は力を強め、1273年に同家のルードルフがドイツ国王に選出されることになった。

〈ハプスブルク家以降〉

ルードルフは1275年に宮廷会議をレンツブルク城で開催するが、城は家臣に封与された。都市レンツブルクは1306年に都市法を付与され、「都市の自由」を享受できるようになった。しかし、ハプスブルク家がスイス盟約者団にアールガウ地方から追い払われると、城にはベルン邦の代官が常駐し、ベルンが1415年以降1798年まで近隣を支配した。1491年に町は大火に襲われ、ベルンの力で再建されたが、現在の町はほとんど17・18世紀の建物で、町の中央を走るラートハウス小路の街並みは見る価値がある。中央のラートハウスは17世紀末の初期バロック様式で、斜め向かいの建物は末期ゴシック様式の建物群である。

一方、ベルン支配下に城には代官屋敷、穀物倉などが作られ、1620年代には三十年戦争の被害がおよぶ危険が生じると、城の要塞化が進められている。今日のレンツブルク城は中世の面影よりベルン支配下のときの影響が強い。

城自体、また城からの景色も美しく、スイスにある数多くの城の中でも訪ねる価値がある。また、歴史博物館になっていて、チューリヒから急行で20分弱、レンツブルクの駅より10分ほどで歩いて行けるアクセスの便利な城である。中世の牢獄や戦闘場面の人形がリアリティーがあっておもしろい。

ハプスブルク城　Habsburg
—鷹の城—

〈ハプスブルク家誕生の地〉

　ハプスブルク家は16世紀にヨーロッパ諸国だけではなく、アメリカ、アフリカ、アジア地域を支配し、「陽の沈むことなき帝国」を築いたが、その王朝名はスイスの小さな山城に由来する。チューリヒから急行列車で23分、バーゼルからは40分ほどで行ける小都市ブルックに近い、小高い丘ヴュルペルスベルクに城はある。ブルックからは27番の郵便バスに乗るか、ハイキングコースを45分ほど歩いて行くことができる。

　最初の城は1020〜30年頃にラートボートによって築城されたが、現存している城の部分は11世紀末の小塔、13世紀初頭の大塔、14世紀以降の居館だけである。この部分は「後の城」とよばれ、「前の城」とよばれている古い城の部分は現在土台だけが残されている。ラートボートは現在のスイス北辺、アーレ川とロイス川の合流するアールガウ地域に強引に所領を拡大、1027年にはハプスブルク城より少し南に下った所にムーリ修道院を建立した。この地域がハプスブルクの重要な拠点となったが、ハプスブルク家の出自は上エルザスである可能性が高い。

　1100年頃にはハプスブルク伯を名乗り始めているが、さらに勢力を拡大できたのは、ロイス川の南に勢力を張っていたレンツブルク伯家が73年に断絶した以降である。フッリクガウ、ついでアールガウの伯職(1200年頃)をえて、北スイスの有力諸侯に上昇した。さらに1264年に東スイスの有力諸侯キーブルク家が断絶すると、ハプスブルク伯ルードルフ4世の母親がキーブルク家の出であったことから、同家の所領の多くを相続し、スイスでは並ぶ者がない有力諸侯となった。そのルードルフが73年にドイツの選定侯によってドイツ国王に選出され、ルードルフ1世となった。そしてライバルであったボヘミア王オットカールと戦って、勝利し、帝国諸侯領であったオーストリアとシュタイヤーマルクを息子のアルブレヒトに封土として与え、その後ハプスブルクの所領に加えることに成功した。こうしてハプスブルクはまたたく間にヨーロッパ・レベルの王家に上昇した。

　こうした上昇過程でハプスブルク城はもはや拠点の意味を失っていった。ルードルフの父親の代で早くも不便な山城は居住に適さないとして、ブルックやブレムガルテンといった所領内の都市内に居を移していった。当初山上の二つの城はそれぞれ別の家臣に封として与えられたが、14世紀にはヴォーレン家に一括して封与された。

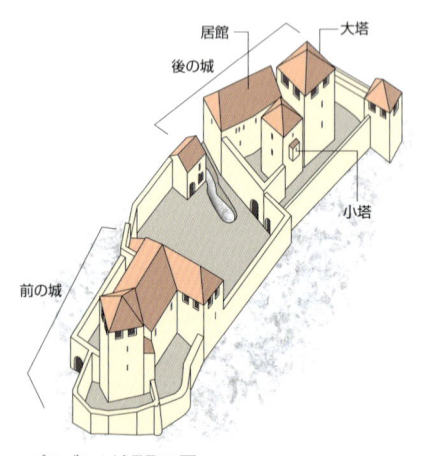

ハプスブルク城見取り図

村より見るハプスブルク城

ハプスブルク城からの眺め

〈15世紀以降のハプスブルク城〉

　ハプスブルク城の運命は14世紀後半から激しく変転する。ハプスブルク家の当主レオポルト3世はルツェルン周辺の支配強化をめざし、スイス盟約者団と1386年のゼンパハの戦いで、矛をまじえ戦死をする。その結果逆にスイス地域におけるハプスブルク家の支配はゆらぐことになった。決定的事件は盟約者団が1415年にハプスブルクのふるさととともいえるアールガウを占領したことである。コンスタンツ公会議において主導権を握ったドイツ国王ジギスムントは、対立するハプスブルク家のフリードリヒ4世を帝国追放刑（アハト刑）に処し、スイス盟約者団にアールガウの占拠を命じた。盟約者団はわずか14日間でハプスブルク

家の17の都市・城塞を奪い取った。ハプスブルク城の城主ヘンマン・フォン・ヴォーレンも降伏した。彼はベルン邦を封主と認めることで、城にとどまることを許された。

　ヘンマンの死後、城主は転々として、1469年にはケーニヒスフェルデン修道院の領有するところとなった。ベルン邦による宗教改革の結果（→p81）、城はベルン邦にわたり、城の機能を失っていった。1804年にカントン・アールガウの自立が認められると、アールガウに所属することになった。

　現在ここにはレストランがあり、料理のコースがルードルフとかアグネスとかハプスブルク家ゆかりの名前でよばれている。結婚披露宴もおこなえるので、興味のある方はいかがでしょうか。

ケーニヒスフェルデン修道院
Königsfelden
―皇帝アルブレヒト1世暗殺の地―

〈王妃エリーザベトの建てた修道院〉

　ハプスブルク家出身の第二代のドイツ国王アルブレヒト1世は1308年5月1日にブルック近くのロイス川を渡ったあたりで甥のシュヴァーベン公ヨーハンに暗殺された。アルブレヒトは有能な支配者でハプスブルク家の土地台帳を作り、領域支配の拡大・安定をはかっていた。この暗殺はスイスの歴史にとって幸運であったが、ドイツの国家形成には決定的な遅れになったといわれている。

　しかし、ハプスブルク家はこの事件を上手に利用した。事件の発端は支配の拡大・

ローマ軍営地の西門跡

安定の犠牲者にされた小貴族たちが、ハプスブルク家の傍流にあって不満をいだいていたヨーハンをけしかけて起きたものであったから、事件後ハプスブルク家はこれらの貴族たちを厳しく糾弾し、領地を取り上げ、支配をいちだんと強めることができた。アルブレヒト死後、ハプスブルク家からしばらくドイツ国王は選出されなかったが、同家は不運を自家の領地拡大に利用できたのである。

　しかし、未亡人となった王妃エリーザベトは謀殺された夫の霊を慰めるために、謀殺の地に修道院を建て、ここを**ケーニヒスフェルデン**（王の野）とよんだ。ここは古代の**ローマ軍営地ウィンドニッサ**のあった場所で、ハプスブルク城にも近い場所であった。所領の西の端に力の象徴として、フランシスコ修道会とクララ女子修道会の二重修道院を建立したのである。創設者のエリーザベトが1313年に死んだのち、娘でハンガリー国王の未亡人であったアグネスが引き継いで、隆盛を誇った。

　スイス第二の独立戦争ともいわれる1386

ケーニヒスフェルデンの修道院外観とステンドグラス

年のゼンパハの戦いにおいて、ハプスブルクの騎士たちはスイス盟約者団と戦い、多数の戦死者を出すが、彼らの墓所もここにある。1415年ハプスブルク家はスイスの地から追われ、この地はベルンに占領され、修道院も次第に衰退した。

1528年ベルン邦によって宗教改革化され、修道院は廃止され、近辺の穀倉地帯を治めるベルンの代官が駐在する所となった。1804年ベルン邦の支配が崩壊してのち、カントン・アールガウのもとで養護ホームになっている。

〈修道院と史跡を歩く〉

修道院教会は1310〜30年の間に完成するが、14世紀前半に建立された托鉢修道会の典型的な教会建築様式を備えている。

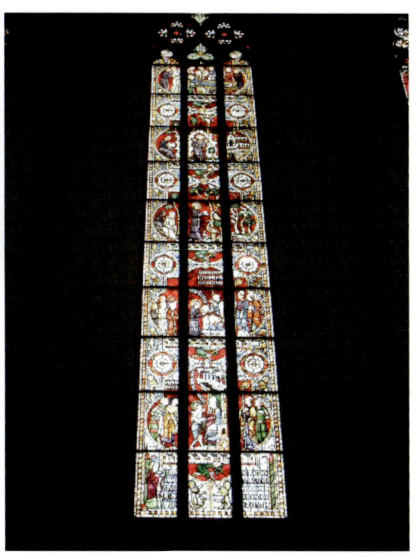

バシリカ様式で、主身廊と二つの側廊からなり、翼廊はない。主身廊の天井は平らな板張りで、簡素である。しかし、内陣にあるステンドグラスは圧巻であり、これを見るためにだけでも、この教会に足を運ぶ価値がある。

内陣は8m弱×20mほどの長方形で、11枚のステンドグラスが見られる。南北に4枚ずつ、東正面に「キリストの受難史」、その左右にキリストの誕生から昇天までが描かれる。また、北側(内陣左側)2枚目に聖フランシスコの生涯、南側(内陣右側)1枚目に聖クララの生涯の重要場面が描かれている。これらのステンドグラスは1325〜30年の間に造られ、ほとんどオリジナルが残されている。

教会を出て、旧クララ修道院の西翼の前の方に**古代ウィンドニッサ軍営地の西門跡**がある。これを見学したついでに10分ほど歩いて、**円形闘技場跡**も訪ね、古代にも思いを馳せることができるのがケーニヒスフェルデンである。

北東スイスの都市・城・修道院 | 81

バーデン　Baden
―温泉と会議の町―

〈温泉の街バーデン〉

　チューリヒからライン川の支流リマト川を20kmほど下った所にバーデンはある。バーデンとは「温泉」の意であるが、古代ローマの支配時代にすでにこの場所は「アクアエ・ヘルウェティカエ」とよばれていた。まさに「スイスの温泉」の意である。近くのローマ軍営地ウィンドニッサの建設に伴って、傷病兵を癒すことを主目的として建設されたらしい。多数の医療器具が発掘されているからである。カエサルの率いるローマ軍が疲れを癒したと、しばしば観光案内書に書かれているが、温泉は紀元後1世紀前半に造られているので、ありえない話である。現在も19の温泉源があり、地下3000mから47度の硫黄泉が汲み上げられている。

　中世では療養目的よりは、歓楽が主目的になったらしい。教皇ヨハネス22世に伴ってコンスタンツ公会議にやってきたフィレンツェ出身の書記官ポッジョは1416年にバーデンを訪れ、その見聞をフィレンツェの友人に送っている。

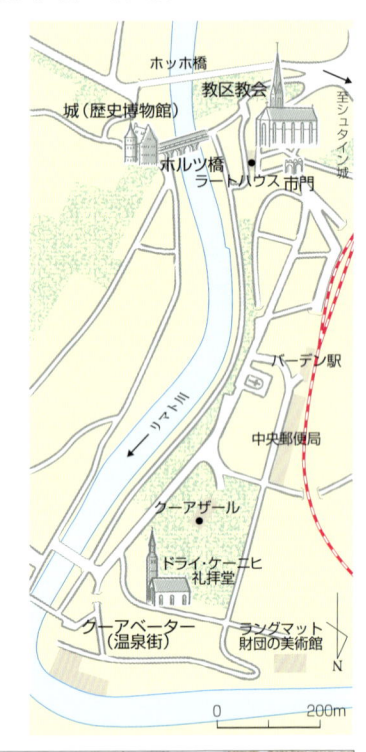

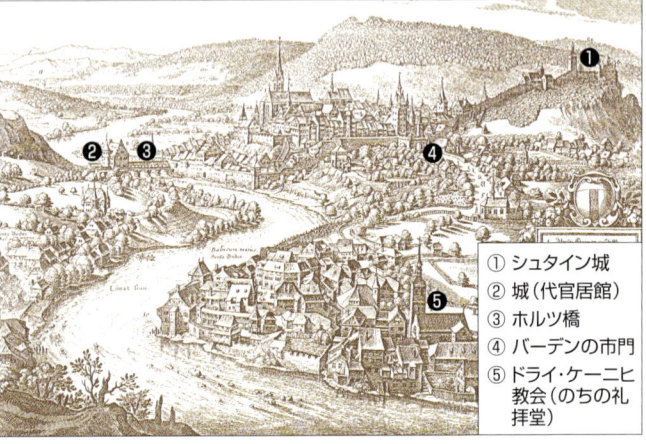

バーデンの市門

① シュタイン城
② 城（代官居館）
③ ホルツ橋
④ バーデンの市門
⑤ ドライ・ケーニヒ教会（のちの礼拝堂）

日に三度、四度と温泉に入り、一日の大半をそこで過ごす。歌ったり、飲んだり、踊り回ったり、または、お湯の中に腰を少し下ろし、音楽を奏でる。中でも、もっとも魅力的なのは女の子が眺められることである。

温泉の歓楽はアルプスを越えてイタリアでも知られたであろうが、手近な所ではチューリヒの裕福な市民はリマト川を船で下り、温泉を楽しんでいた。この温泉のおかげで都市バーデンは中世をつうじて豊かであった。町は岩山の上にそびえるシュタイン城の麓（ふもと）に形成されたが、城の支配者はネレンブルク、レンツブルク、キーブルク、ハプスブルクと相続によって転々とした。都市建設自体はキーブルク家の支配下に1230～40年頃におこなわれ、64年以降ハプスブルク家の支配下に入って、1297年に都市法を付与された。14世紀に入ると、下級裁判権、流血裁判権も与えられ、大幅な都市の自治を享受できるようになった。1415年にスイス盟約者団軍によってアールガウが占拠されると、バーデンは表向き帝国都市となるが、皇帝によってスイス盟約者団に質入れされ、帝国都市の特権は事実上持てなかった。

〈スイス盟約団会議の場〉

一方、**シュタイン城**は1415年にスイス盟約者団軍に攻囲・破壊された。1658～70年に再建されたが、1712年第二次フィルメルゲン戦争（宗教内乱）のときに、ベルン・チューリヒ連合軍によって破壊され、現在に至っている。この城址からの眺めは素晴らしいので、足に自信があれば行ってみたい所である。

バーデンの町並み。左が教区教会の塔で右山上がシュタイン城

バーデンの歴史の中で忘れてならないのは、この地がスイス盟約者団による共同支配地の拠点となり、1415年以降1712年までスイス盟約者団会議の場を提供していたことである。その場所は**ラートハウス**に残されている。会議に派遣されてくる使節にとって温泉は魅力的であった。また、スイスにおける宗教改革をめぐる大討論会もバーデンの教区教会で1526年におこなわれている。

バーデンは町の中自体にはとくに強調される建物はないが、リマト川に架かる屋根付き橋（**ホルツ橋**）を渡って、町の対岸にある城は見る価値がある。この城は古いシュタイン城に対して新しい城と呼ばれたが、ここは1798年までスイス盟約者団各邦が派遣する**代官の居館**になっていた。現在は**博物館**になっていてバーデンの歴史を展示している。展示もおもしろいが、窓からリマト川ごえに見るバーデン眺望は見逃せない。階を上がるごとに変化があり、最上階からはシュタイン城を見ることもできる。なお、温泉に関する歴史的展示は隣の新しい建物で見られ、こちらが博物館の入口にもなっている。なお、温泉街に近いラングマット財団の**フランス印象派の美術館**も時間があればぜひ見ておきたい。

北東スイスの都市・城・修道院

フラウエンフェルト Frauenfeld
―聖母マリアの畑―

〈15世紀以前のフラウエンフェルト〉

　トゥール川の支流ムルク川の段丘にあるフラウエンフェルトは、カントン・トゥールガウの主都である。この地域はフランク帝国のカール3世(肥満王)によって880年代にライヒェナウ修道院に寄進された。ライヒェナウ修道院は聖母マリアに奉献されていたので、この修道院に寄進された畑が「聖母マリアの畑」と称されたらしい。ここでフラウというドイツ語は聖母マリアをさ

フラウエンフェルト中心街

している。フラウエンフェルトの紋章は、立ち上がっているライオンとその首に鎖をつけて引いている女性の姿が描かれている。このライオン像はこの寄進所領を保護する教会代官の地位にあった世俗領主のキーブルク家の紋章である。この紋章にフラウエンフェルトの歴史の出発点が凝縮されている。

　1200年頃キーブルク家はムルク川の橋の袂、段丘の端に城を築き、ハルトマンの

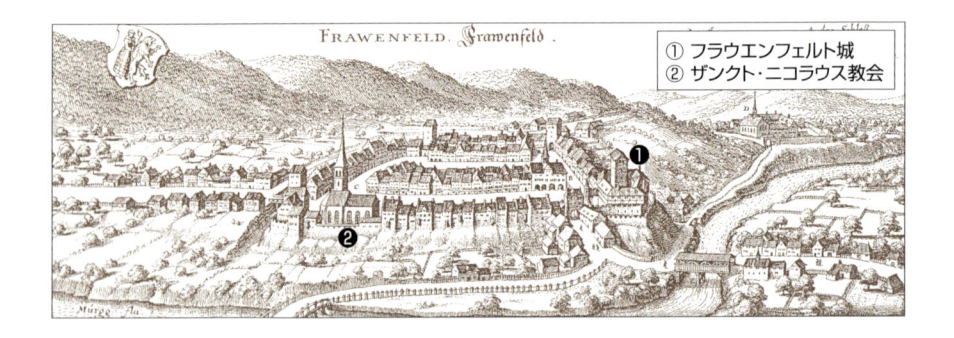

① フラウエンフェルト城
② ザンクト・ニコラウス教会

時代の1244年に都市が建設されたらしい。1264年にキーブルク家が断絶し、この地がハプスブルク家の支配下に入ったときには、ハプスブルクのルードルフのもとできちんと計画された都市ができていた。南の端にある城と北のはずれにあったザンクト・ニコラウス教会を幹線道路で結び、南北240m、東西120mの中に12m×18mの屋敷地が60造られた。スイスの典型的な小建設都市の姿である。

ハプスブルク支配下で、1312年には市参事会の存在が確認され、31年に都市法も付与され、都市として成熟している。14世紀にはフラウエンフェルトはトゥールガウ地方におけるハプスブルクの支配拠点になった。しかし、コンスタンツ公会議をめぐってハプスブルク家のフリードリヒが帝国追放刑を受けると、トゥールガウは帝国の地になり、フラウエンフェルトは一時帝国都市となった。

スイス盟約者団が1460年にトゥールガウを占拠し、盟約者団諸邦の共同支配地にした。フラウエンフェルトは1499年ないし1504年から1798年まで盟約者団代官が在住した。1529年と31年にツヴィングリ主催で宗教会議が開かれ、トゥールガウにも宗教改革が導入された。しかし1558年にカトリックとの併存が認められ、宗教的対立はなくなった。

〈その後のフラウエンフェルト〉

1712年から43年までバーデンと交互に、フラウエンフェルトは盟約者団会議の場所となり、その後98年のスイス盟約者団の崩壊まで会議はもっぱらフラウエンフェルトで開催され、この時代にフラウエン

フラウエンフェルト城(左)

フェルトはいわば黄金時代を迎えていた。しかし、1771年に火災に遭い、町の北東部がほとんど燃え、17年後の88年に再度火災に見舞われ、今度は町の南西部が燃え落ち、町はほとんど瓦礫と化してしまった。歴史的建造物は残念ながら残っていないが、中世の町割は現在でもはっきり確認でき、訪れる価値はある。

町を訪れるには駅前通りを右へ歩き、ライン通りを左へ曲がって坂を上っていくと、城に出る。城の前の通りをまっすぐ行けば、ザンクト・ニコラウス教会に突きあたる。1286年にこの教会はすでに存在していたが、1771年の火災で焼失し、現在の教会は1904〜06年に建設された。町のバロック的雰囲気に合わせて、**ザンクト・ニコラウス教会**も新バロック様式である。駅に戻るには、町の西側に出て、カフェテリアを通り抜け、デパートのエスカレーターに乗って、デパートを出れば駅前の大通りに出る。

4. 西スイスの都市と修道院

　フランス語圏の西スイスの歴史はブルグント王国の影を映している。ブルグント王国は弱体で、在地の小領主が強く、それを抑えるために国王は教会政策を推し進めた。その結果、すでに触れたようにシオン、ローザンヌ、バーゼルの司教も世俗的支配の確立を目指し、争った (→p.12)。そのためにこの地域も多くの城と都市が建設されている。少し時代を下るとレマン湖の南からサヴォワ家が進出し、一時西スイス一帯を制圧する勢いを示した。特に「小シャルルマーニュ」と呼ばれたピエール2世は多くの都市や城を西スイスに建設している。しかし、スイス盟約者団の後ろ盾を得たベルン邦が、宗教改革以降この地域の大部分を支配した。ジュネーヴはベルンと同盟を結び、その保護を受けた。

ビール／ビエンヌ
Biel / Bienne
―境界の都市―

〈ドイツ語とフランス語の境界域〉

　駅を降りて、駅前通りを歩くと、この町の雰囲気はフランス語圏の都市を思わせる。「中央広場」で左手のニダウト小路に入り、しばらく行くと旧市街に至る。途中の街路標識や看板はドイツ語とフランス語が併記され、この都市がジュラ山脈の麓(ふもと)にあって独仏言語境界線上にあることを意識させる。都市の名もドイツ語でビール、フランス語でビエンヌとよばれる。ビール／ビエンヌの語源はガロ・ロマンの泉の神であるベレヌスの名に由来する。現在**ローマの泉**とよばれ、ビール旧市街の北側、ロープウェイ乗り場の近くにある泉でこの神への犠牲が捧げられていた。

　独仏両言語の境界線上にあるということは両言語のはずれに位置するわけだが、ビールはその他歴史的に見てさまざまな観点ではずれの位置にある。しかし、ビールは中心よりはずれた所に位置しているハンディーをたくみに利用して、利益を引き出し、栄えてきた都市だった。

　旧市街、つまり中世都市はバーゼル司教によって13世紀初頭に建設された。都市成立年代は残念ながら正確には確定できないが、1230年には史料的にその存在が確認されている。バーゼル司教は領域支配の拠点としてビールを建設したので、主要交易路からはずれて、経済的には地域的な市

の意味しか持たなかった。しかし、1252年には早くも自治の証拠である市参事会の存在が確認できる。領主がバーゼル司教という聖職者で、しかも遠方にいたことで比較的早くに自治を獲得できたと考えられる。その自治をより安全なものにするために、ビールは近隣の有力都市、ゾーロトゥルン、ベルン、フリブールと都市同盟を次々と結んでいる。しかし、この同盟は領主バーゼルの強い反感を買い、1367年に焼討ちにあってさえいる。

　スイス盟約者団の有力都市ベルンと同盟したビールは、スイスの関わった諸戦争に従軍した。とくにブルゴーニュ戦争の勝利に貢献し、従属邦として盟約者団に加わった。しかし、バーゼル司教を領主に仰ぐ状況は1798年のスイス革命のときまで続いている。1815年のウィーン会議の結果バーゼル司教領はベルン領となり、ビールはカントン・ベルンの第二の主要都市となった。

〈旧市街の見どころ〉

　旧市街は15・16世紀に再建され、見るべきものが多い。町の守護聖人でもある**聖ベネディクト**の名を持つ現在の**教会**は、1451〜70年に後期ゴッシク様式で建てられている。内陣のステンドグラスはキリストの受難と聖ベネディクトの生涯を描き（1457年作）、「祈り、そして働け」という聖ベネディクトの教えを伝えている。教会の出口近く北側の身廊の壁には、「ゴルゴダへの道」のフレスコ画が見られる。

　教会を出た所の円形の広場は**リング**とよばれ、裁判の場や市の開催に使われ、中世都市ビールの中心であった。広場の周りをアーケードを持つ建物が囲み、ビールの旗を持つ**旗手の噴水**（1557年作）もある。この噴水の背後にある階段状破風のある建物は、現在博物館になっているが、1561年に建設された**ヴァルトロイテン**(森の人)**のツンフト会館**であった。タマネギ型のドームとゴシック様式の窓が見られる。

　リングからオーバー小路に出る角にある建物のエルカーは1601年のものである。オーバー小路にある**天使の噴水**は1563年にルネサンス様式で作られた。天使が悪魔から子羊(精神を象徴)を守ろうとしている。オーバー小路はアーケードがあってミニ・ベルンを思わせる。

　ビール旧市街のもう一つの見どころは**ブルク**(城塞)**広場**で、名前が示すように中世に

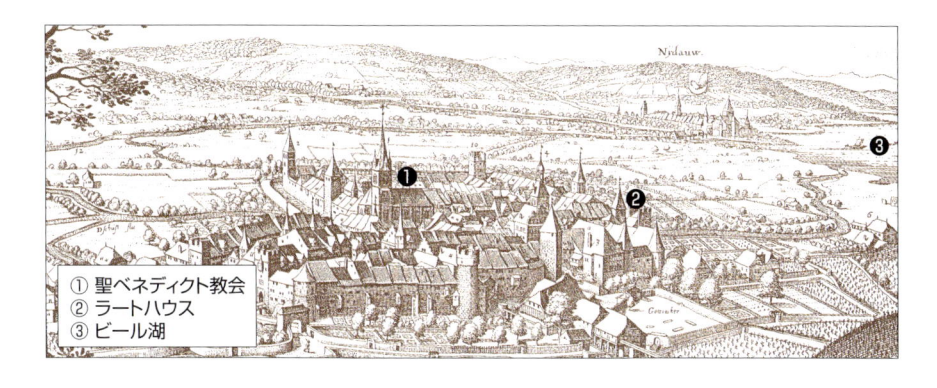

① 聖ベネディクト教会
② ラートハウス
③ ビール湖

ヴァルトロイテンのツンフト会館を背にした旗手の噴水

はここに司教の城塞があった。1543年建設の**ラートハウス**がありその前に正義の噴水がある。これは1714年のものでやや新しい。全体的にビールの町は15・16世紀の都市の雰囲気を良く伝えており、じっくり見る価値がある。時間に余裕があれば、駅にまっすぐ戻らず、湖の方向に歩き、**シュバーブ博物館**に寄りたい。シュバーブ大佐が19世紀末に集めたビール湖の古代杭上住居に関する資料やヌシャテル湖のケルト遺跡の出土品が見られる。

ポラントリュイ　Porrentruy
―歴史の波に洗われた町―

〈町の歴史〉

ポラントリュイはジュラ地方の文化的中心都市だが、バーゼルから急行列車で45分、ベルンからだと1時間45分もかかる。フランス国境に近い不便なところにあるが、落ち着いた瀟洒な町である。しかし、歴史の激しい変転を受けた町でもある。

ポラントリュイは1271年までモンベリアール伯の所領であったが、バーゼル司教の進出によってその支配下に入った。しかし、伯と司教の争いは続き、83年にドイツ国王ルードルフ1世が介入し、町を占拠し、町に自由特許状を与えた。その後町はバーゼル司教に返還されたが、この町が脚光を帯びるようになるのは1528年以降のことであった。バーゼルに宗教改革がおき、それを嫌った司教が司教宮廷をこの地に移したからである。繁栄も長く続かず、17世紀にはいると三十年戦争の被害を受け、その後フランス国王ルイ14世の侵略を受けて、衰退した。

ナポレオン時代にはジュラはフランス領に編入され、ポラントリュイはモンテリブル県の主都となった。ナポレオン体制の崩壊後、1815年のウィーン会議ではジュラはカントン・ベルンに所属させられた。カトリック勢力が強くフランス語圏であった北ジュラは、プロテスタントでドイツ語圏

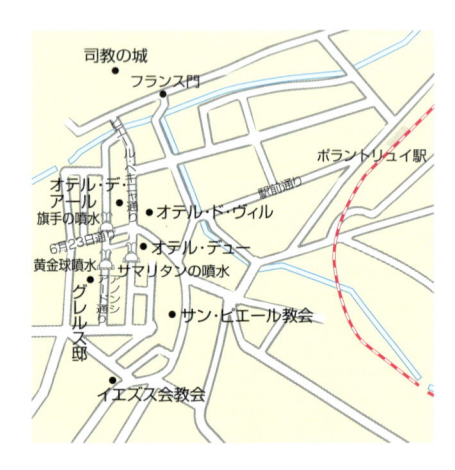

ポラントリュイ

のベルンの支配下で苦しんだ。やっと1979年になってジュラは自立を認められ、26番目のカントンとしてスイス連邦の一員になった。

〈司教宮廷所在地の面影〉

　19世紀に至るまで、町は城壁を超えて発展しなかったので、全体的に司教宮廷時代の面影を残している。北西の丘に司教の城、南東のはずれにイエズス会の教会があり、それらに挟まれた町はゴシック、バロック、新古典様式の建物が混在しながら、コンパクトにまとまっている。

　町に行くには、ポラントリュイ駅を出て、斜め左手にある駅前通りをまっすぐ歩けばよい。7～8分すると橋に行きつくので、その橋を渡って公園に出よう。その公園を横切って、短い階段を登ると、6月23日通りに出る。この日付は新カントン樹立の賛否を問うた1974年の住民投票日である。この日、ジュラの住民は「独自のカントンを形成することを望むかどうか」を問われた。住民の9割が投票所に赴き、52.5％が賛成し、自立への第一歩が始まった。

　6月23日通りをしばらく登っていくと、

オテル・ド・ヴィル

広い通りに出る。町の中央に出たことになる。右へ行けば、ピエール・ペキニャ通りで、城の方向へ行けるが、角には**オテル・ド・ヴィル**がある。ブザンソン出身のピエール-フランソワ・パリによって1761～64年に建設された瀟洒なバロック建築である。オテル・ド・ヴィルの斜め向かいには**オテル・デ・アール**がある。やはりパリによって建設され、司教宮廷への訪問者の宿として使われたり、商取引の場所に使われたが、現在はカントン・ジュラの図書館および官庁になっている。パリによって造られたもう一つの建物に**オテル・デュー**がある。6月23日通りから左に曲がり、しばらく歩いたところにある。スイスでもっとも美しい後期バロック様式の建物といわれる。かつては病院であったが、現在は博物館になっていて、観光案内所もここにある。

　オテル・デューの近くにサマリタンの噴水がある。16世紀後半の作品である。この噴水のところで道を左に入って登ってい

西スイスの都市と修道院

くと、**サン・ピエール教会**に行ける。1330～50年に建設された三身廊のバシリカ様式である。入口から入った右側に15世紀後半に建築されたゴシック様式の**サン・ミシェル礼拝堂**があるが、その手前の壁にはイグナティウス・ロヨラとフランシスコ・ザビエルのバロック様式の像がある。

サン・ピエール教会を出て、さらに左に行くと**イエズス会の教会**に至る。1597～1604年に付設の神学校とともに建設された初期バロック建築である。バーゼル司教は宗教改革の結果バーゼルを追われ、この地を反宗教改革の拠点にした。神学校は現在ジュラの高等学校に、教会はコンサートホールに使用されている。イエズス会の教会からアノンシアード通りに出てしばらく歩くと、珍しい噴水に出会う。**黄金球噴水**である。噴水塔の上に黄金の球が乗せられた16世紀の作品である。同じ通りにグレルス邸がある。バロック様式の最も古い一般住居で、前述のオテル・デューをはじめとするパリの建物に影響を与えたといわれる。

アノンシアード通りを進み、6月23日通りに戻った所に**旗手の噴水**がある。1560年前後に造られ、町の紋章である雄の猪を描いた旗を持っている。ここからピエール・ペキニャ通りに戻り、**司教の城**へ向かおう。橋を渡り、突き当たりを右へ行くとフランス門にいける。唯一残っている城門で、1563年に造られ、1744年に改築されたものである。この門をくぐり、しばらく進んで左手の急坂を登ると城に出る。途中鶏の絵が描かれた太い円筒の塔が見えてくる。この塔は1591年に建てられ、鶏はその当時統治していた司教の家紋であった。

城には鶏の塔を回り込んで裏側から入いる。すぐ目に入るもう一つの塔(レフーズ塔)だけが13世紀の建築で、城自体は新しい。北翼が16世紀末、南翼が17世紀末に造られ、両翼を鶏の塔がつないでいる感じになっている。現在城はカントン・ジュラの官庁になっていて、興味を引くものはない。しかし、テラスから見おろすポラントリュイの街並みは見飽きない。今まで歩いてきた道筋もたどることができるし、ジュラの平野を満喫できる。この平和な景色からはポラントリュイの歴史の変転は伺うことは難しい。

サン・テュルサンヌ
Saint-Ursanne
──生きている中世都市──

ジュラの真珠といわれるサン・テュルサンヌは中世の雰囲気を十分に浸れる町である。ジュラの主都ドュレモンとポラントリュイの中間にあり、ポラントリュイに行くついでに是非寄りたい。駅は山の中腹にあり、駅を左に出て、石畳を少し下るともうサン・テュルサンヌの町が遠くに見えてく

サン・テュルサンヌ遠景

サン・テュルサンヌ　ドゥー川に架かる橋

サン・ジャン門

る。そのまま石畳を15分も下ると、村の入口である**サン・ピエール門**に着く。門の右手には山の中腹まで城壁があり、左手には家並みがドゥー川まで城壁代わりに続いている。典型的な小都市のスタイルである。門から6月23日通りを3〜4分も歩かないうちに噴水のある広場に出る。右手に教会、左手に小さな**オテル・ド・ヴィル**(1825年再建)を見ながら先へ進めば、**サン・ポール門**にもう出てしまう。5分も歩けば町を通り抜けられる。

サン・ポール門は1296年にはすでに存在していたが、現在の門は1664年に改築されたものである。戻って、オテル・ド・ヴィルの角を右に行けば、すぐ**サン・ジャン門**である。この門は18世紀に造られた門だが、通り抜けると、ドゥー川に架かる橋に出る。この橋は一見古代の橋を思わせ

るが、18世紀の比較的新しい橋で、橋の中央には守護聖人ネポミュセーヌが立っている。

ドゥー川の向こう側から川沿いの家並みを見ながら、ふたたび橋を渡って、サン・ジャン門をくぐると、中世末期の都市世界にふたたび入った気分になる。この町で見落とせないのは**教会**である。町の歴史もこの教会に始まる。

アイルランドの修道士コルンバヌスの弟子であったウルシキヌス(ユルサンヌ)が6世紀末にこの地に庵を結んだ。その後に修道院が建てられ、さらに12世紀初め頃に参事会教会に変わり、バーゼル司教の支配下に入った。現在の教会は12世紀末の後期ロマネスクと初期ゴッシックへの移行期の様式を見せている。塔は1442年に再建されたもので、3階部分にゴシック様式の窓が三方についている。

この教会で絶対見逃せないのは、南入口のタンパンの彫像である。12世紀頃のロマネスク様式で、バーゼルの聖ガルス門(→p.42)の影響を受けたといわれる。中央にいるキリストがペテロ(左)とパウロ(右)、それに7人の天使に囲まれている。キリストの右足もとに跪いている修道士はウルシキヌスであろう。左上の壁龕にはキリストを抱き素朴なマリア像がある。じっくり眺めていても飽きない。

北入口はクロイスター(修道院回廊)につながっているが、そのタンパンには11世紀のレリーフが見られる。中央に十の形の十字架と左右に百合の花と獅子像が彫られている。その他主身廊の柱には洗礼者聖ヨハネと秤を持つ聖ミカエルの15世紀の絵があり、北身廊の壁にはゴシック様式の人物像を描いた断片がある。

クロイスターは1380年に造り直されたもので、静かなたたずまいをしている。一角にミニ博物館があり、サン・テュルサンヌの最も古い時代の石棺や守護聖人ネポミュセーヌ(ヨハネス・ネポムク)のオリジナル(1731年作)が飾られている。

観光客にもあまり会わずに、中世都市の雰囲気を体験したければ、サン・テュルサンヌを訪れるのが一番だ。もっとも山あいの眠ったような村だとがっかりする人も出るかも知れないが。

ヌシャテル　Neuchâtel
――もっともフランス的な町――

〈旧市街へ向かって〉
ヌシャテルの旧市街はヌシャテル湖畔にあり、鉄道駅は丘陵の上にある。ローザンヌとは逆で、「行きはよいよい、帰りは怖い」。駅から下り、帰りはバスを利用することがお勧めだ。ヌシャテルは繰り返し火災に遭い、中世都市の面影はない。18・19世紀のフランス古典主義の影響を強く受け、フランス的雰囲気を漂わせている。もともとこの町は、近くの村オートリーヴから産出する黄色の石灰岩を使った建物が多かったが、今は減少している。

ヌシャテルが史料的にはじめて確認できるのは、ブルグント国王の居館の存在を示す1011年の文書であり、1000年頃には町も形成されていたと思われる。町の見学は国王居館のあった城山をめざすことになるが、鉄道駅からの急坂を下る途中にある**デュペルの館**にまず立ち寄りたい。これはピエール・アレクサンドル・デュペル(1729

デュペルの館

～94)が1765～70年にかけて建設させた建物である。デュペルはジャン・ジャック・ルソーの友人で、最初のルソー全集を出版させた人物である。その関係でルソーの草稿はヌシャテル市立図書館に数多く保存されている。ルソーがヌシャテルを訪れたのは62年の夏であったから、この建物はまだそのときにはなかったが、フランス式庭園に囲まれたルイ16世スタイルの華麗な姿を今も楽しめる。

庭園の正面入口を出て、病院通りへと右にしばらく道を進むと、**オテル・ド・ヴィル**のある十字路に出る。この一角には19世紀の建物が目につくが、オテル・ド・ヴィルもフランス人の設計で1790年に完成したものである。さらにそのまま病院通りを進むと、多くの都市に見られる**正義の噴水**(1545年)に出会う。女神の足下には世界の支配者、教皇・皇帝・スルタン・都市共和国の長官(シュルトハイス)の像がある。し

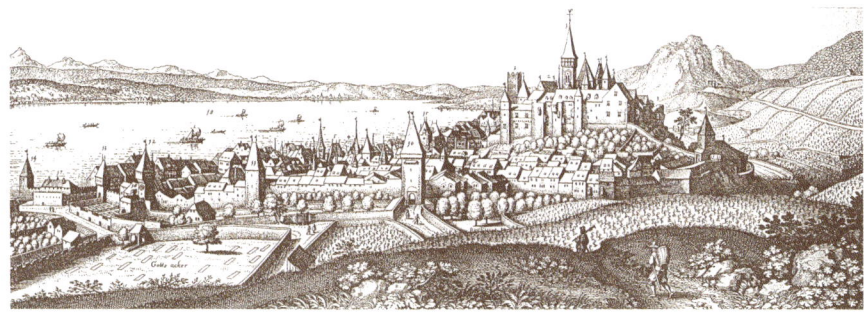

西スイスの都市と修道院 | 93

東塔 　　　　　　グリフィン噴水 　　　　　　参事会教会天井

ばらく行って、セヨン通りを横切ると、旧市街の中心に入る。**クロワ・デュ・マルシェ**(市場十字路)には、**旗手の噴水**(1581年)があり、上方には町の**東塔**(トゥール・デ・ディエス)も見える。まず、左手のトレゾール通りを行くと、**アール広場**に出る。そこは現在でも市が立つが、そこにヌシャテルで一番有名な建物がある。16世紀中頃に領主オルレアン・ロングヴィル家が建てさせた建物(**メゾン・デ・アール**)で、18世紀中頃には市有となって、1階は穀物取引、2階は布地の取引に盛んに使われていた。

〈城と教会〉

もとの道に戻って、ふたたび城山に向かおう。途中**グリフィン**(頭と翼が鷲の姿で胴体が獅子の怪獣)**噴水**がある。これは1664年に作りなおされたものである。急な坂を上った所に城と参事会教会がある。教会脇のテラスからは今通ってきた街並みと、その向こうにヌシャテルの美しい湖(→p.6)が眺められる。

教会正面入口の前には、宗教改革者ギヨーム・ファレル(1489～1565)の大きな立像がある。ファレルはジュネーヴ宗教改革の準備をし、カルヴァンを改革運動に引き入れた人物として、日本でもよく知られているが、むしろ大きな影響を残したのはヌシャテルであった。改革後、この地には多数のユグノー教徒がフランスから亡命してきて、織物業、とくに時計産業を担い、ヌシャテルをスイス時計産業の中心地にした。デュペルもフランスからの宗教亡命者の子孫であった。

参事会教会は薄黄色の石を積み上げ、屋根は釉薬が施された色あざやかな瓦で覆われた特徴ある建物である。12世紀末頃から建設され、北東に位置する三つのアプス部分は美しいロマネスク様式であるが、身廊は1200年頃の初期ゴシック様式である。身廊の天井には濃紺の背景に黄色の星が描かれ、神秘的な雰囲気が漂っている。

内陣の右側の柱に宗教改革の記念碑があるが、この教会でもっとも見応えがあるのは、内陣の左側に見られる騎士や女性の人物像である。等身大の像が全部で15体ある墓碑で、1372年にヌシャテル伯ルイの命で造られ、14・15世紀に順次人物像は付け加えられていったものである。こうした像を持つ墓碑はケノタフとよばれ、遺骨は別の場所に埋められている。

教会の隣にある**城**はすでにふれたように

スイス最古の教会 ロマンモティエ

　ロマンモティエの旧修道院はジュラ山脈の東、カントン・ヴォーの鄙びた寒村にある。ローザンヌから汽車で30分ほどのクロワ・ロマンモティエ駅からさらにバスに乗って7分ぐらいかかる不便な所である。現在は教会しか残っていない。しかもスイス最古の教会といっても、現存の教会はかなり後世のものである。しかし、時間をかけて行ってみる価値はある。

　ロマンモティエ修道院は450年頃建設された。ブルグント王ジギスムントが510年代にサン・モーリス修道院を建設するときに、ロマンモティエから修道士をよんでいるので、早くから栄えた修道院であることは確かであろう。しかし、ランゴバルド人、アレマン人の侵入を受けて、610年には完全に衰退してしまった。

　一方、北アイルランドから大陸に渡ってきたコルンバヌスらの修道士は、600年頃にブルグントのリュクスイユに拠点となる修道院を建設していた。そこで学んだ修道士がロマンモティエ修道院を再建するが、ロマンモティエの歴史にとって大きな出来事は753年のクリスマスに教皇ステファヌス2世がパリへの途上でこの地に滞在して、修道院を教皇庁の直接的保護下においたことである。教皇は翌年パリのサン・ドニ修道院でピピン3世（小ピピン、在位751～768）に塗油を与え、カロリング王朝の正統性を与えたのである。

　その後の歴史で決定的に重要なことは、ロマンモティエ修道院は928年にクリュニー修道院に寄進されたことである。この改革派の修道院は修道院長オディロ（994～1049）のときに最盛期を迎えるが、彼はしばしばロマンモティエ修道院に滞在した。現在の修道院はクリュニー修道院の精神にもとづき1000年から1030年の間に建設された。

　この11世紀のオディロの教会がロマンモティエの三番目の教会になるが、ラテン十字の構造をとり、東に向かって主身廊と二つの側身廊が作られている。12世紀に入って2階建の玄関廊が作られ、13世紀末頃にさらに前廊が作られた。さまざまに変化する建築様式を見ることができる。

　ロマンモティエ修道院に大変化が起きたのは1536年のことであった。29年に宗教改革を実施していたベルンがヴォー一帯を占領し、修道院を世俗化した。修道院の回廊や修道院居住者の建物は壊され、37年以降教会は改革派の教区教会になった。その頃の様子を伝える有名なメーリアンの絵では、教会の周りは強固な城壁と塔で囲まれ、左手の方には「城」と称されたベルンの代官の居所が見える。

ロマンモティエ遠景

ヌシャテルの坂道　　　　　ヌシャテル城

1011年にはじめて史料上に「新しい城」と出てくるが、当時はおそらく城塞というよりは居館だったと思われる。ヌシャテル伯たちはその後改築を繰り返したが、1450年に火災に遭い、現在の城の大部分は15・16世紀に建てられたものである。南西正面部分は1180年頃のロマネスク様式を残しており、教会以外ではスイスではめずらしい記念碑的建築物である。

都市ヌシャテルは1214年に公より「自由特許状」を与えられたが、自治の獲得には長い闘争がおこなわれた。伯ルイの死後、公位は南ドイツの諸侯の手に渡ったが、公領は14世紀末には現在のカントン領域に近づいた。隣邦ベルンと同盟を結ぶようになり、スイス盟約者団の従属邦になった。1504年以降は公位はフランスのオルレアン・ロングヴィル家のものになった。このフランス出身の支配者のもとで、この地域がフランス的な雰囲気に染め上げられることになった。しかし、1707年にプロイセン王家の支配下に入り、遠方にいる支配者のもとで、比較的自由な立場を維持した。王家の支配下にありながら、スイス盟約者団と同盟し、政治的二重生活を長くし続けた。プロイセン王家がヌシャテルの支配権を放棄したのは1857年になってからである。ヌシャテルはスイス史の中でも大変特異な歴史をたどっている。

グランソンの城と町
Grandson
―クラシックカーと宝石―

〈グランソンの城と町〉

　ヌシャテル湖畔にある**グランソン城**は、レマン湖畔にあるシオン城とは異なっていささか無骨な城である。しかし、クラシックカーに興味を持つ人には見すごすことができない城である。イギリス首相であったウィンストン・チャーチル愛用の1938年型オースティン・リムジン車、1930年代の大女優グレタ・ガルボの愛車である白色のロールス・ロイスなどのクラシックカーのほかに、たくさんの古いオートバイをこ

グランソン城より眺めるヌシャテル湖

グランソン城

グランソン城内部

の城の中に見ることができる。中世の薄暗い城の空間に自動車はあまり似合わないが、何となく魅せられてしまう。

　グランソン城は高地ブルグント王国の衰退に伴いジュラ山脈方面に勢力を張りだしたグランソン家によって1050年頃造られたが、現在の城の基本はオットー1世に負っている。彼はイギリス国王エドワード1世(在位1272～1307)と親交を長く保った。1271年にエドワードの皇太子時代にともに十字軍に赴き、エドワードの命を助けたこともあった。83年にはエドワードのウェールズ征服に参加し、イギリスで勇名を馳せ、バロンの爵位をもらいイギリス議会の議員にもなっている。国王の死後、1307年に帰国したが、彼は外交手腕にも優れ、ローザンヌ司教のためには多大な寄進をして貢献したらしく、彼の墓は俗人としてはただ一人ローザンヌのノートル・ダム聖堂の内陣にある。

西スイスの都市と修道院 | 97

城下に生まれたグランソンの町も見学するに値する。町はいわゆる統一的なプランにもとづく建設都市ではなく、城と**洗礼者聖ヨハネ教会**を核に人々が集まったいわゆる「自然成長型都市」といわれている。14世紀前半には「都市の自由」は保証されていた。すぐ近くにある建設都市であるイヴェルドンとの違いを鮮明に示しているが、現在町には、15世紀末から17世紀末の建築物を良く残している。

〈ブルゴーニュ戦争〉

14世紀末にはグランソンはサヴォワ家の支配下に入り、さらに15世紀にはブルゴーニュ公国のシャロン伯が支配する所になった。その結果、ブルゴーニュ戦争に巻き込まれたことは、グランソン城と町の歴史にとって重大な結果をもたらした。北海から地中海までの独仏間に王国を築こうという野心をいだいたブルゴーニュ侯が1475年にスイスに侵略をはかった。それに対して、ベルン邦がまずグランソン城を攻略し、占拠した。翌年豪胆侯は城を取り戻し、ベルンの守備隊400人を剣で処刑したり、吊し首にしたり、溺殺にしたりした。スイス諸邦に加勢を得たベルンは巻き返しをはかり、76年3月2日にヌシャテル湖畔、グランソン北東の村コンシーズでブルゴーニュ軍を破った。8月の平和条約によって、グランソンはベルン邦とフリブール邦の共同支配地となった。戦闘で破壊された城はベルン・フリブール支配時代の16世紀初頭に大改築され、1789年まで両邦から5年ごとに派遣される代官の居城となった。

シャルル豪胆公はこのいわゆるグランソンの戦いで高価な四つの宝石付き帽子を奪われた。その帽子はバーゼル市参事会が手に入れ、この戦利品をかくし持っていた。しかし、1504年になってからドイツの大富豪フッガー家にこっそりと売却した。フッガー家はさらにそれを売却しようとしたが、あまりにも高価で買い手がつかず、宝石をバラバラにして売り、その大半が皇帝マクシミリアン1世の手に渡ったという。このマクシミリアンこそはシャルル豪胆侯の一人娘マリアと結婚し、その結果低地地方(オランダ・ベルギー)などのシャルルの所領をハプスブルク家にもたらしたのである。

イヴェルドン・レ・バン
Yverdon-les-Bains
──ペスタロッチの活躍した町──

〈交通の十字路〉

イヴェルドン・レ・バンはもとはローザンヌ司教の支配地域にあった。13世紀中葉にサヴォワ家の支配下に入り、1260年頃にピエール2世が城と町を建設した。**城**は典型的なサヴォワ・スタイルで、方形の隅に丸い塔を備え、平地に造られている。レマン湖のシヨン城を居城に定めたピエール2世はイヴェルドンを交通の要衝として

イヴェルドン城

ペスタロッチ広場

ノートル・ダム教会とペスタロッチ像

注目したらしい。

イヴェルドンはラテン語でエブロドゥーヌム(イチゴの森)とよばれ、ガロ・ロマン時代から交通の十字路であった。つまり、中央フランスからイタリアへ行くルートと、南フランスからドイツへ行くルートがここで交差していた。

また、この城の設計・建設者も注目される。城を建設したのは若き日のジャック・サン・ジョルジュであった。彼はのちにイギリス王エドワード1世のために、ウェールズのケナーヴォン城の建設に参与した。この城は現在もイギリス皇太子の立太子礼がおこなわれる場所である。

〈城とペスタロッチ広場周辺〉

ブルゴーニュ戦争の折に城も町も大きく破壊されたが、16世紀に再建された。1536年に城はベルン邦の代官居城となったが、ベルンの支配が終わったのち、都市当局は1804年にペスタロッチを招き、城を学校に利用した。ペスタロッチは路上で物乞いをしていた少年たちに衣食を与え、柔軟な教育を施した。彼はこの地で1805〜25年の間、教育に従事したが、13年にはスイスの聴覚障害者のための学校を世界に先がけて開いた。その後、城は公教育のためにさまざまに利用され、学校としては1974年まで利用された。現在は市の博物館となっていて、ペスタロッチの記念館やモード博物館になっている。

城の前にある**ユートピア**(異世界)**博物館**は極めてめずらしい博物館である。昔の監獄を利用して、科学フィクション、ユートピア、幻想旅行などをテーマにあつかう博物館である。映画『エイリアン』の生みの親であるギーガーに興味ある人は必見の博物館であろう。

城の脇には**ペスタロッチ広場**があり、1889年に制作された彼の銅像がある。銅像の背後にある**ノートル・ダム教会**はゴシック教会の跡地に1753〜57年にバロック様式で作られている。教会の鐘楼は古い時代(1608〜10年)のもので、末期ゴシック様式である。教会の脇には1767〜73年に建設された、ロココ様式のファサード(正面)を持つ**オテル・ド・ヴィル**がある。市場用の古い建物の跡に作られ、市のおこなわれていた場所は現在展覧会の会場に使われている。ペスタロッチ広場につながるフール通りやラック通りには18世紀の建物群が見られる。

西スイスの都市と修道院 | 99

パイェルヌ修道院

　古代ローマ都市アウェンティクム（現アヴァンシュ）の南10kmほどのところにパイェルヌという小さな町がある。ムルテン湖に流れ込むブロイ川の谷が湖に向かって開けたあたりで、ベルンとローザンヌ、イヴェルドン・レ・ヴァンとフリブールを結ぶ道路の交差点に位置している。中世にはドイツからグラン・サン・ベルナール峠に至るルート上にあり、パイェルヌはきわめて重要な地点であった。現在はフリブールから急行列車で25分、ムルテンから各駅停車の列車で20分ほどで行くことができる。

　パイェルヌにはこれぞ典型的といえるロマネスク様式の修道院がある。高地ブルグント国王ルードルフ2世（在位912～937）の未亡人ベルタが10世紀中頃に建立したもので、クリュニー派に属する修道院である。ベルタの修道院建設を応援したのは神聖ローマ皇帝オットー大帝（在位936～973）であった。イタリア政策の遂行を願っていたオットーは、ブルグント王国の中心地で、なおかつイタリアへの重要拠点に注目していた。オットーが手を打った政策が実るのはザクセン朝（オットー朝）の次の王朝ザリエル朝になってからである。1032年ザリエル朝のコンラート2世（在位1024～39）はパイェルヌ修道院でブルグント王として戴冠式を行い、王国は神聖ローマ帝国に繰り入れたのである。ところが、コンラートの孫、ザリエル朝第3代の皇帝ハインリヒ4世が1075年以降叙任権闘争を展開すると、スイスのこの地域も激しい対立の場所となり、パイェルヌ修道院長は教皇側にたち、歴史の波にもまれることになる。

　12世紀以降、パイェルヌ修道院は保護領主を変転と替えつづけ、結局1536年にロマンモティエ修道院などとともに同じ運命にあう。宗教改革を行ったベルン邦に占領され、修道院は廃止された。17世紀以降倉庫に使われ、スイス革命後1798年にカントン・ヴォーに属することになっても、長いあいだ監獄や兵舎として使用されていた。教会生活が取り戻されたのは1965年になってからである。

　このような歴史をたどったおかげで、パイェルヌ修道院は新しい様式が付け加えられず、クリュニー修道院の建築様式をかなり現在にとどめることになったのである。付属教会の壁はレンガ状に切り出された黄色のジュラ産の石灰岩が積み重ねられている。古代都市アウェンティクムの遺跡の石が利用されたらしい。外観は、東側から見ると、ロマネスク様式の五つのアプスと十字交差部上のごついゴシック様式の塔が奇妙なバランスを見せている。塔自体が王冠に見えるだけではなく、細い尖塔の付け根に「女王ベルタ」の王冠が飾られている。

　教会内部は身廊の柱が黄色と灰色が混じり、ロマネスク様式の雰囲気を盛り上げて

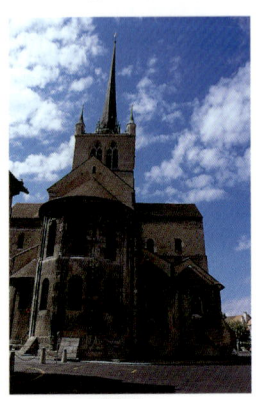

パイェルヌ修道院

いる。側廊の柱頭にはさまざまなロマネスク様式の彫刻がある。柱廊玄関のタンパンや丸天井部分に1200年頃のキリスト像や24人の長老像が見られる。

　パイェルヌには修道院以外見るべきものは乏しいが、ロマネスク建築に興味を持つ人は一度は訪れるべき場所であろう。

パイェルヌ修道院壁画

パイェルヌ修道院内部

グリュイエールの城と町
Gruyeres
―幻想絵画に溢れる城―

〈市門から城へむかって〉

　グリュイエールの城と町を訪れるのは極めて不便であるが、日本人観光客に大変人気がある。おそらくその人気はレマン湖のシヨン城につぐであろう。城の背景に山をいただく美しさがあるだけではなく、城の前に広がる小さな町の落ち着いたたたずまいが人気の一因であろう。駅から町へはバス便もあるが、本数が少ないのでたいてい歩くことになる。小高い丘の上にあるので、登り道を行くことになるが、それほど苦に

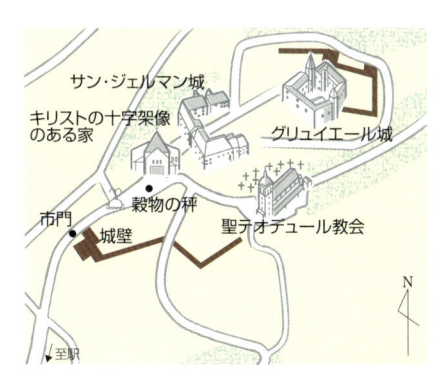

グリュイエール

西スイスの都市と修道院

グリュイエールの町　中央奥サン・ジェルマン城、後方右側グリュイエール城

グリュイエール城

はならない。**市門**を入ると、右手に塔と城壁があり、正面に１本の比較的広い道がある。スイスの小さな都市群の中でもいちだんと小さな町である。

　道の両側の家並みは15〜17世紀のものである。道の途中に噴水があり、その先の道路右側に古代の野外トイレを思わせる岩がある。鍋状に岩をくりぬいた穴が並んでいる。じつは**穀物の秤**である。さらに進み道路の突き当たりに**キリストの十字架像をつけた家**がある。その右側を下っていくと、**聖テオデュール教会**に行ける。この教会は13世紀に建立され、その付近に城壁も残っている。

　戻って、十字架のある所を左に行くと、**サン・ジェルマン城**に行ける。そこには**ギーガー博物館**がある。映画『エイリアン』の生みの親で、オスカーを受賞したギーガーの作品が多数展示されている。その先に行くと、**グリュイエール城**である。

〈グリュイエール城〉

　城は1085年にはじめてグリュイエール伯の居城として史料的に言及されるが、現存の城は13世紀に建設されたものである。ただし居住部分は1493年の火災後に再建され、アルプス以北における初期ルネサンス様式のはじめての例といわれている。

　1250年頃以降にサヴォワ家の支配下に入り、13世紀をつうじてサヴォワ家のために数多くの軍役を果たした。しかし、15世紀にはフリブール邦と同盟関係を結び、ブルゴーニュ戦争のときにはスイス盟約者団側に立って戦い、1476年のムルテンの戦いにおける戦利品が城の二階にあるブルゴーニュの部屋に飾られている。それは金羊毛騎士団に属する騎士がまとうマントである。武勲に秀でた勇猛果敢な騎士は、金羊毛騎士団の一員に選ばれると、その名誉の象徴にマントが与えられた。そのマントを奪った誇りがこの展示室には充満している。

〈グリュイエール城内をめぐる〉

　12世紀以来19代続いたグリュイエール伯家も16世紀に入り財政難に陥り、1544年に伯領はフリブール邦とベルン邦に売却され、伯はフランス軍の傭兵になった。その後、城は19世紀までフリブールの代

官居城になった。1848年、城はボヴィ家とバロン家に売却され、新しい時代を迎えた。ボヴィ家は芸術家一家で、アントン（1795〜1877）は有名なメダル制作者である。現行のスイス硬貨0.5フラン、1フラン、2フランの裏面に描かれているヘルウェティア像は彼の作品で、硬貨にサインも入っている。弟のアンリ・ダニエル（1812〜62）はパリでアングルに学んだが、病弱であったためグリュイエール城にとどまり、城の修復に従事した。城の3階にある騎士の部屋にグリュイエールの歴史を描いた彼の作品が見られる。また、多数の画家を招き、城を修復するために部屋の装飾を委ねている。その代表例はコロー・サロンとよばれる部屋である。ここには19世紀の代表的なフランス風景画の大家カミーユ・コローが描いた4枚の風景画が見られる。また、そこに置かれている箪笥・椅子はルイ15世様式のものである。

3階の大サロンにもルイ15世様式の家具が配置され、フランツ・リストのピアノフォルテ（ピアノの前身）が置かれている。リストは1835年にダグー伯爵夫人と駆落ちをする形でジュネーヴに滞在し、ジュネーヴ音楽院でピアノ教師をしていた。ボヴィ家の兄弟はジュネーヴの出身で、その関係でここにリストのピアノフォルテと称されるものが置かれているらしい。しかし、実際はリストとは直接関係なく、彼の時代のピアノフォルテであろう。

大サロンの隣のボー-ボヴィの部屋にはスイスのフランス語圏とドイツ語圏の特色ある家具が配置され、二つの文化圏の文化的特色を見ることができる。また、この部屋のバルコニーから18世紀のフランス式庭園が見え、背後にスイス的風景を借景にした、おもしろい景色が見られる。

このようにグリュイエール城で長い時代のさまざまな文化装飾・建築様式が見られるのは、1938年にカントン・フリブールに買い戻されて、修復・保存された結果である。90年以降グリュイエール城は国際幻想芸術の本拠地になっている。超モダンな幻想絵画は、中世の城に展示されて、不思議な幻想を起こさせる。

グリュイエールといえば、チーズが有名であり、せっかく訪れたのならば、グリュイエールチーズのサラダを食べるべきであろう。しかし、よほどのチーズ好きか大食漢でなければ、二人用に一皿を注文することを勧めたい。駅前にはチーズ工場・売店があり、製作工程を見ることもできる。

ロモーン　Romont
—ステンドグラスに彩られた城と町—

〈ロモーンの歴史〉

ロモーンの地名の由来は「丸い山」(rotundus mont)であるが、フリブールからローザンヌに向かう車窓から見えるこの町はまさにお伽の国を思わせる。城壁に囲まれた小さな町、城、教会、市門の尖塔があ

ロモーンの町並み

ざやかに車窓に展開する。汽車から飛び降りたくなる衝動を起こさせる町である。

「丸い山」の上には楕円状に町が広がっている。ローマ時代以前から人々が暮らしていた証拠があるが、都市建設をおこなったのはサヴォワ家のピエール2世であった。都市は1240年前後に作られ、44年にはすでに市が開かれている。また、15世紀には農具（大小の鎌）生産、16世紀には鐘の鋳造で有名であった。

町の中央近くにある**城**はピエール2世によって建設されたが、当時の建設部分は円塔の天守閣だけである。主要門は16世紀のもので、ロモーンとフリブールの紋章がかかげられている。古い面影はあまり残されていない。それというのも城は1981年以降**スイス・ステンドグラス美術館**となっているからである。中世のステンドグラスもそこには見られるが、あるべき場所から引き離されてきたステンドグラスはよく見ることはできるが、単独では何か物寂しい。しかし、新しいステンドグラスや制作過程などを見られるので、その方面に興味ある人には見逃すことができない美術館であろう。

〈ステンドグラスの見事な教会〉

　ロモーンにおける価値ある建築は**被昇天聖母教会**である。この教会はフランス語圏スイスではもっとも美しいゴシック様式教会であろう。13世紀中頃に建設されたが、1434年の火災で3分の2が焼け落ち、右身廊だけが残った。しかし、主身廊と左身廊もただちに再建されて、51年にはあらためて奉献式がおこなわれている。したがって、13世紀から15世紀にかけてのゴシック様式の変化がこの一つの教会の中にミックスされていて興味深い。

　火災をまぬがれた右身廊の奥には、13世紀ゴシックのレヨナン様式を残し、葉状の放射状バラ形装飾のある窓がある。その窓にはマリアの受胎告知や聖母マリアの昇天が描かれた15世紀のステンドグラスが見られる。これに対して、左身廊の窓にはフランボワヤン（火炎）様式の装飾が施されている。五つある窓には、1981年にセルジ

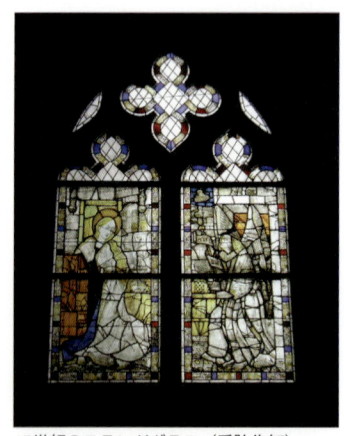

15世紀のステンドグラス（受胎告知） 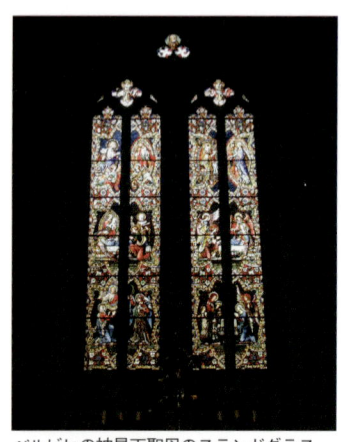　　　ベルビヒの被昇天聖母のステンドグラス

ョ・デ・カストロが制作した現代的なステンドグラスがある。奥から順番にノア、モーゼ、エリヤ、イザヤ、ヨナの預言者たちが描かれている。主身廊の上方の窓にはアレクサンドル・サングリア(1879～1945)の使徒トマスと小ヤコブを描いた1938年の作品が見られる。サングリアは作家、画家として多方面に活躍したが、フランス語圏スイスにはおよそ200の彼のステンドグラス作品があるといわれる。また、主祭壇の背後にも1889年にフリートリヒ・ベルビヒによって制作されたステンドグラスが見られる。聖母マリアの生涯の6場面が描かれている。このようにロモーンの被昇天聖母教会では、15世紀および19・20世紀のステンドグラスがじっくりと楽しめる。

内陣は1478年頃に制作された後期ゴシック様式の鍛鉄製格子で仕切られているが、その上の天井近くには1480年制作のキリスト磔刑像と17世紀末に制作されたマリア像と洗礼者聖ヨハネ像が飾られている。主祭壇にはルモ・ロッシ作の被昇天聖母のブロンズ像(1956年作)が安置されている。

主祭壇の左奥には羽目板があり、そこには中央に被昇天聖母、左には聖シテファノ、右には洗礼者聖ヨハネの浮彫が見られる。これは1515年の作品である。

主身廊の中央あたりにある説教壇には1520年の作といわれる浮彫のパネルがあり、四大教父(聖アンブロシウス、聖アウグスティヌス、聖ヒエロニムス、聖グレゴリウス)にエスコートされるように被昇天聖母が彫られている。教会を出る前に左側のノートル・ダム礼拝堂に入ると、石で作られた12世紀ロマネスクのマリア像の祭壇がある。マリア像を収める装飾衝立(フランソワ・ボーの1955年の作品)にはマリアの生涯が彫られ、中央に昇天する聖母が彫られている。教会の名にふさわしく、至るところに被昇天聖母が描かれ、彫られていて、中世と現代の比較がたっぷりと楽しめる教会である。

町は七度も火災に見舞われ、古い建物は少ないが、丘の上にあるので、周囲の展望は極めて美しい。高い丘なので、町を訪れるときにはバスに乗り、帰りには城壁・塔をめぐり、周りの風景を見ながらゆっくりと歩いて駅に戻ることを進めたい。

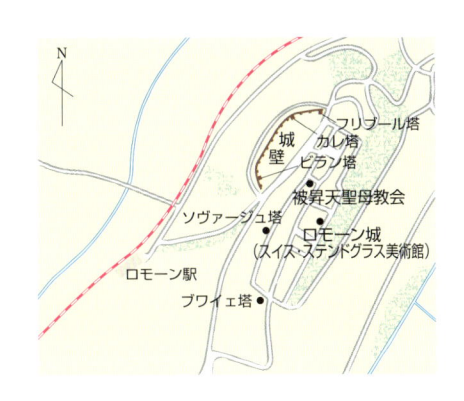

12世紀のマリア像と装飾衝立

西スイスの都市と修道院

シヨン城　Chillon
―レマン湖畔の珠玉の城―

〈城の歴史〉

　スイスの城の中で日本人観光客がもっとも多く訪れるのは、まちがいなくシヨン城である。レマン湖畔から湖を背景に見る城も、ダン・デュ・ミディを背景に見る城もまさに一幅の絵になっている。城から湖やモントルーへの眺めも捨てがたい。ロモーンやグランソンの城のように現代的な雰囲気も少なく、中世の城の趣を比較的よく残している。

　城の背後は絶壁になっていて、ローマ時代以来イタリアからグラン・サン・ベルナール峠を越えてドイツ・フランスへ抜ける交通の要衝になっていた。しかし、中世初期には史料がまったくなく、シヨン地域についてははっきりしたことはわからない。9世紀には城があり、サン・モーリス修道院長やシオン司教がこの重要ポイントに勢力を張り出していたと考えられる。城に関する最初の史料は1150年の日付を持ち、サヴォワ伯がこの地に進出したときのものである。サヴォワ伯はここを拠点にレマン湖の北方、アーレ川流域まで勢力を拡大した。とくにピエール2世の時代には夏の居城となり、大改築された。湖畔側は堅固な塔を備えた二重の城壁で防備され、湖に守られ

シヨン城とダン・デュ・ミディ

シヨン城

シヨン城地下牢

る湖水側は伯の居室が造られた。

〈『シヨンの囚人』〉

　湖水側の湿った最低階は牢獄に使われた。この牢獄が領主の華麗な居室よりもシヨン城を世界的に有名にした。1530年代にジュネーヴのサン・ヴィクトール修道院長ボニヴァールがそこで鎖につながれていたからである。彼はスイス盟約者団と手を組み、ジュネーヴをサヴォワ家の支配から独立させようと活躍して、サヴォワ家に囚われの身になった。36年にベルン邦がサヴォワの勢力をほぼ現在のスイス領域から排除したときに、彼はベルン軍によって4年ぶりに解放された。その後彼はジュネーヴで年金を受けながら『ジュネーヴ年代記』を書き残した。

　このボニヴァールを自由の闘士・自由のための殉教者に仕立て上げたのがイギリスの詩人バイロンであった。彼はシヨンを訪れ、ボニヴァールの4年間にわたるシヨン城の牢獄生活の悲劇を『シヨンの囚人』と題して詩に書き、獄舎を次のように描写している。

　　獄舎は壁と波とに二重に囲まれ
　　さながら生者の墓場のごとし
　　湖水面より低きところ
　　アーチ型天井の暗き牢あり
　　私たちはそこに横たわり
　　夜となく昼となく打ち寄せる
　　波の響きを頭上に聞く

　実際には牢獄は湖水面の上にあるが、バイロンの描写は悲劇性を増幅させる。さらに『シヨン城詩』でも次のようにボニヴァールを讃える。

　　シヨンよ！
　　お前の牢獄は聖なる場所
　　お前の悲しき床は祭壇
　　ボニヴァールが足踏みで踏み減らし、
　　ついには跡を残すほどになりせば
　　あたかも冷たき舗石が芝のように
　　誰もそのしるしを消すなかれ！
　　これぞ圧政を神に訴えるものなれば

　バイロンの詩は19世紀のヨーロッパ各地で荒れ狂う圧政に対する自由の叫びと受け取られ、デュマ、ターナーといった多数の作家・画家がシヨンを訪れ巡礼の地にした。

　バイロンは牢獄の入口から数えて3本目の柱に自分の名を刻みつけている。シヨンは城の美しさだけではなく、歴史の重みを感じ取らなければならない城である。

秘宝の郷　サン・モーリス修道院

　ダン・デュ・ミディから東に延びた山脚のはずれ、ローヌ川の隘路(あいろ)にあたる場所にサン・モーリスという鄙(ひな)びた町がある。隘路の一方にある崖にへばりつくように大きな修道院教会が建っている。現代の教会は「バロック時代にロマネスク様式をもちいて建てられたゴシック教会」だと評されている。1611年の崖崩れで破壊され、当初より数えて七度目の再建がおこなわれたあと、1942年の崖崩れで大破し第2次大戦後46～49年に再建されたものである。

　しかし、そもそもの教会の建設時期は古く、話は4世紀に遡る。ローマ皇帝ディオクレティアヌス(在位284～305)は共同統治者の西帝マクシミリアーヌスとともにキリスト教徒の大迫害をおこなった。エジプトから派遣され、アガウヌムに滞在していたテーベ軍団も迫害を命じられた。それに対して、軍団の指揮官であったマウリティウスは次のように述べたと、5世紀前半のリヨン司教による『マウリティウス殉教伝』は伝えている。「私たちは同胞市民のために武器を握っているのであって、彼らに敵対するためではない。忠誠のために戦ってきたが、この忠誠が神を拒絶することになれば、どうして忠誠を守ることができようか。私たちはまず神に誓いを立て、次に軍隊の指揮官に誓いを立てた。第一の誓いを私たちが破るようなら、あなたは第二の誓いを信じることはできない」と。

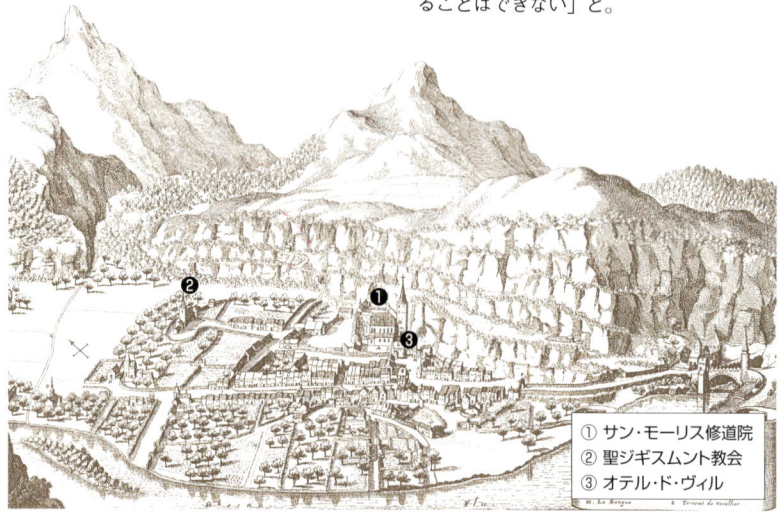

サン・モーリス修道院

① サン・モーリス修道院
② 聖ジギスムント教会
③ オテル・ド・ヴィル

こうして殉教したマウリティウスと多数の軍団員はアガウヌムに埋葬された。ヴァリスの初代司教と目される聖テオドゥールが4世紀末にこの墓地に小さな教会を建てると、多数の巡礼者が訪れるようになり、聖地としてマウリティウスの名をとってサン・モーリスとよばれるようになる。その後、ブルグント王ジギスムントがカトリック（アタナシウス派）に改宗後510年代にここにバシリカ教会と修道院を建てた。彼は死後この地に祀られ、サン・モーリス修道院は今日まで連綿と存続することになった。

　現在の教会には、1950年にエドモン・ビレによって制作されたサン・モーリスの殉教物語を描いたステンドグラスが見られ、見応えがある。しかし、見落としてはならないのは修道院の保存する秘宝である。修道院回廊を通っていくと、奥の小さな部屋に所狭しと多くの貴重な秘宝が展示されている。写真の右に見える小箱はテウデリヒの聖櫃である。おそらくサン・モーリスの聖遺物が収められていたと考えられるが、メロヴィング時代に作られた真珠やカメオが施された金細工製である。左はカール大帝の水差しとよばれ、やはり金製である。ペルシア伝来の水差しにカロリングの宮廷工房で細工が加えられた可能性がある。

　これらの金細工よりかなり時代をくだると、今度は多数の銀細工が見られる。代表例としては、聖カンディードゥスの頭部像がある。12世紀中頃にサヴォワ伯が寄進したもので、クルミ材に銀張りをした聖遺物入れである。聖カンディードゥスはサン・モーリスのテーベ軍団における参謀の地位にあったと思われるが、首を刎ねられ殉教している。その様子が台座の前面に描かれ、彼の魂が天上に昇り、天使に受け入れられている。その他には、サン・モーリスの騎乗像を描いた12世紀の聖櫃などがある。

　また、教会の中から6〜7世紀頃のカタコンベに入れるので、ぜひ見ておきたい。そこに滔々と流れる水に驚かされる。ダン・デュ・ミディに水源を持ち、かつては修道院や学寮の生活のために使われていたが、サン・モーリスの鉄道トンネルを掘ったときの技術的ミスで、カタコンベに流れ込んでしまったものである。墓場だったとは思えない趣がある。

聖カンディードゥスの頭部像

カール大帝の水差しとテウデリヒの聖櫃

ジュネーヴ　Genève
―国際色豊かな都市―

〈ジュネーヴの歴史〉

　ジュネーヴは紀元前120年以来ローマの属州ガリア・ナルボネンシスに属していたが、紀元後400年頃より司教所在地となっていた。カロリング帝国の崩壊後、ブルグント王国、ついで1032年以降神聖ローマ帝国に属したが、12世紀初頭より司教が都市領主として君臨していた。現在のカントン・ジュネーヴの紋章も、神聖ローマ帝国の紋章である鷲を半分とペテロの鍵をあしらったものになっている。

　13世紀後半以降になるとサヴォワ家がジュネーヴ支配をめざし、都市君主たる司教との闘争を展開した。この間、都市ジュネーヴは司教から1387年に「自由特許状」を獲得し、15世紀初頭には経済的繁栄を背景に大幅な自治を享受した。ブルゴーニュ戦争(→p.14、98)後に経済力が衰え

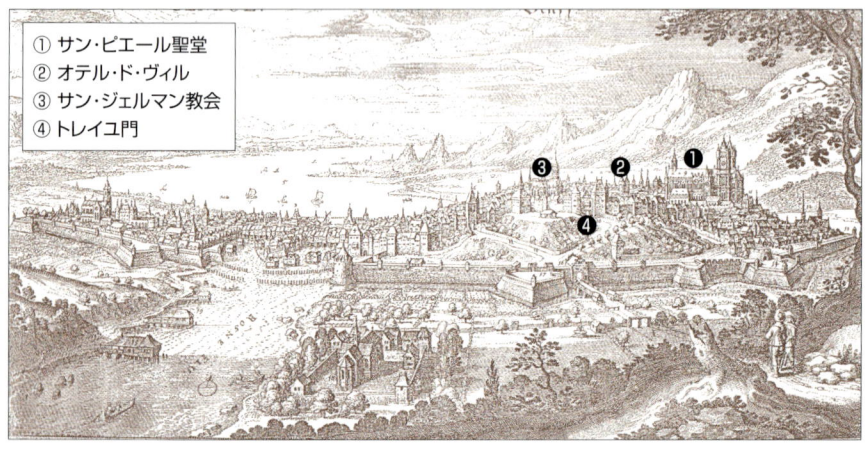

① サン・ピエール聖堂
② オテル・ド・ヴィル
③ サン・ジェルマン教会
④ トレイユ門

レマン湖、サン・ピエール聖堂塔より

たものの、16世紀に入ってカルヴァンによる宗教改革の成功が大きな変化を生んだ。ジュネーヴはヨーロッパの新教運動の中心になり、現在の国際都市ジュネーヴを生む契機となった。同時に司教からの政治的自立を可能にした。しかし、この頃には司教をバックアップしていたサヴォワ家との戦いは執拗に続いていた(→p.107)。そうした中で、1584年にジュネーヴはベルンとチューリヒとの間で同盟を結び、スイス盟約者団の従属邦となった。ジュネーヴがスイスに正式に参加するのは1815年を待たねばならなかった。

〈サン・ピエール聖堂〉

中世ジュネーヴの中心は司教座教会である**サン・ピエール聖堂**である。現在のサン・ピエール聖堂は1160年にロマネスク様式で建築が始まり、ゴシック様式で完成した。しかも、正面の壁が崩壊する危険に瀕して、18世紀に古典様式でポルティコ(前廊)が造られ、全体的にアンバランスな教会である。

内部はカルヴァンの根拠地となった教会らしくきわめて質素である。カルヴァンの使用した椅子、フランス・ユグノーの指導者だったローアン侯の墓などがある。カルヴァンはこの聖堂で宗教改革を実施したわけだが、宗教改革に興味ある人は聖堂隣の「カルヴァン講義堂」に立ち寄るべきであろう。ここはもともとは小さな礼拝堂であったが、改革者たちのために講義がおこなわれた。それだけではなく、宗教改革の進展に伴ってヨーロッパのあらゆる地域から宗教亡命者がジュネーヴにやってきたが、フランス語を理解できない亡命者たちの礼拝所にも使われた場所である。

サン・ピエール聖堂の圧巻は地下遺跡である。聖堂の南西から地下に入れる。4世紀後半に建設された最初の聖堂(350年頃)と洗礼堂(380年頃)から始まって、何度も建て替えられた様子がわかる。また素晴らしいモザイク床(5世紀初頭)も見られる。

聖堂のもう一つの魅力は塔である。レマン湖の名物ジェドゥ(大噴水)とともにジュネ

ツボフ財団博物館

ーヴの町の景観が見られるだけではなく、ジュラ山脈、運が良ければアルプスも見られる。

〈旧市街〉

　聖堂を出てジュネーヴの旧市街を歩こう。聖堂から、あるいは「カルヴァン講義堂」の正面の道ソレーユ・ルヴァン通りを進むと、丸い塔のあるタヴェル邸に行ける。1334年にジュネーヴでは大火災が起き、**タヴェル邸**も大被害を受けたが、ジュネーヴに存在するもっとも古い都市貴族の家である。現在は博物館になっており、中世以来のジュネーヴ市民の生活ぶりなどを知ることができる。最上階には1850年当時のジュネーヴの金属製の立体模型があって興味深い。塔からははるかレマン湖がのぞめる。

　タヴェル邸から少し離れた道の反対側には**旧武器庫**(現在は古文書館)があり、そこのアーケードには18世紀のジュネーヴ共和国時代の大砲が展示されている。また、三面の壁にはアレクサンドル・サングリアの手になるジュネーヴ史の重要場面、カエサルのジュネーヴ制圧、中世のブール・ド・フール広場の大市での盛んだった経済活動、宗教改革時代のユグノー亡命者の歓待のモザイク画(1949年作)が見られる。

　旧武器庫と通りをへだてて**オテル・ド・ヴィル**がある。塔を除いて全体的には16・17世紀の建物だが、アラバマ・ホールとよばれる部屋は歴史の証人である。アラバマという名称はアラバマ号賠償請求事件の国際裁定が1872年にこの部屋でなされたことに由来する。アメリカ南北戦争時におけるアメリカによるイギリスへの賠償請求は、スイス人の調停でなされた。これより以前、この部屋では1864年8月に第1回ジュネーヴ条約(赤十字条約)が締結され、のちにはこの部屋で1920年11月に国際連盟の第1回総会も開かれている。

　オテル・ド・ヴィル通りからグラン・リュ(大通り)に出よう。中世のメインストリートだったが、現在も15〜18世紀の家々が並び、楽しい散歩コースである。この通りの40番地でジャン・ジャック・ルソーは生まれている。また、34番地にはホドラーがアトリエをかまえていた。この道を下り、噴水のある所で右に曲がって、坂を上ると、リュ・デ・グランジュ(穀物倉通り)へと出る。ここは一転して現在の高級住宅街となる。2番地には**ツボフ財団博物館**があるが、この建物は1720〜23年の間にルイ15世風の都市貴族の邸宅として建築され、ロシアのエカチェリーナ2世の後援を受けたタチアーナ・ツボフ伯爵夫人の収集物が展示されている。エカチェリーナの応接間、寝室なども見られる。ただし、開館

日・時間がかぎられているので注意。

　さらに7番地の建物では、アルベール・ガラタン(アルバート・ガエラティン)が生まれている。彼はラ・ファイエットらとともにアメリカ独立戦争に加わり、合衆国憲法の編纂に関与した人物である。さらに進むと、左側に**サン・ジェルマン教会**がある。古いバシリカ様式の教会だが、14・15世紀に大改築されている。道をまっすぐ行くと、ふたたびオテル・ド・ヴィルに行きあたる。そこを右に曲がって、**トレイユ門**を通り抜けると、トレイユ・プロムナードに出る。右に曲がって坂を下ると、右側の壁面にエスカラードの銘板が見られる。1602年にサヴォワ軍が夜襲をかけてきたときの話である。料理中のおばさんがふと窓から外を見ると、密かに梯子(エスカラード)を城壁にかけて侵入しようとしている兵士に気づいた。おばさんは機転を利かして料理中の煮えたぎった野菜スープを兵士の頭上にぶちまけて撃退したのがこの場所である。

〈バスティオン公園周辺〉

　ここまでくると、もう旧市街の外になる。**ヌーヴ**(新)**広場**とよばれ、中央には分離同盟戦争で活躍した**デュフール将軍の騎馬像**がある。周辺にはグラン・テアトル、音楽学院など19世紀の建物群が並び、この広場はスイス的ではない。広場から樹木と芝の**バスティオン公園**に入ろう。バスティオン・プロムナードを歩いていくと、左手の旧城壁に100m以上にわたって宗教改革者たちの記念像がある。カルヴァン生誕400年とジュネーヴ・アカデミー(ジュネーヴ大学の前身)の創設350年を記念して1909年に計画され、17年に完成したも

宗教改革者群像

のである。中央にファレル、カルヴァン、ベザ、ノックスの4人の改革者像が立っている。その前の舗道にはジュネーヴ、ベルン(熊)、スコットランド(ライオン)の紋章が描かれ、ジュネーヴの宗教改革の先鞭(せんべん)をつけたベルンとノックスによる改革の展開を見たスコットランドに栄誉を捧げている。左右の壁にはヨーロッパ各地で改革派運動の支持・拡大に貢献した人物像がそえられ、歴史的出来事が描写されている。

　バスティオン・プロムナードをはさんで宗教改革者記念像の反対側にあるコの字型の建物が**ジュネーヴ大学**である。その建物の中にある大学図書館の展示室はカルヴァンとルソーに興味ある人には必見の場所である。カルヴァンやルソーに関する日本語の書物に載(の)せられている有名な人物画や挿絵が大学の展示室らしく無造作に、乱雑に置かれていて、嬉しくなる。入場料なしで、変に監視されることもなくじっくり眺められる。

　ジュネーヴにはその他国際機関や美術館など見るべきものが多いが、中世都市そのものとは関係が薄いので、同じ司教都市のローザンヌに向かおう。

ローザンヌ　Lausanne
―大聖堂を誇る町―

〈司教都市ローザンヌ〉

　地図上ではローザンヌはレマン湖北岸にあるが、現地で駅を降りて、旧市街を訪れるにはかなりの脚力を必要とする。歩くには難儀といっていいほどの急斜面を登らねばならない。駅を降りて、地下ケーブルカーで一駅乗り、エレベーターで地上に出てもさらに急坂は続く。足に自信がなければ、タクシーかバスに乗って旧市街の中心にあるノートル・ダム聖堂まで行き、帰りをのんびりと下ってくるのが賢明である。

　ローザンヌも司教都市であった。司教はもともとこの地にはおらず、古代都市アウェンティクム（現アヴァンシュ）から6世紀末に移住してきた。888～1032年までブルグント王国支配下にあったが、1011年に司教はヴォー地方の伯権力を与えられ、強力な世俗の支配者にもなった。その支配のもとに都市ローザンヌは発展し、1243年に最初の政治的権利を獲得した。都市ジュネーヴと同様に、司教とサヴォワ家の権力闘争の狭間（はざま）にあって、力を得ていった。1525年にベルン・フリブールと都市同盟を結んだが、結局36年にベルンに占領されてしまった。この年に宗教改革も導入されて、1798年までベルンの支配下にあまんじた。

　ローザンヌは中世に繰り返し火災に遭っており、中世に関する観光の目玉は乏しい。しかし、**ノートル・ダム聖堂**はスイスの初期ゴシック様式の代表作であり、様式・規模においてフランスの代表的教会に比肩でき、これだけでも見学する価値がある。

〈ノートル・ダム聖堂〉

　聖堂は1173年から建設が開始されたが、途中火災に遭って、ほぼ完成して献堂式がおこなわれたのが1275年であった。西入口は**モンファルコン門**とよばれ、壮大な彫刻群で飾られたゴシック様式である。16世紀初頭に在任していた司教モンファルコンによって建設が着手されたので、こ

ノートル・ダム聖堂

の名がついているが、建設途上で宗教改革がおきたため、完成を見なかった。現在見られる姿は20世紀初頭に完成したものである。玄関柱廊(ポーチ)の正面上方、ドレフォイル(円形三弁模様)のあるの下にマリア像が見える。しかし、頭がなく、抱いているはずの子供(キリスト)も欠けている。これは宗教改革時の偶像破壊活動の結果である。マリア像の下、アーケードの両脇にシバの女王像とソロモン王の像があるが、女王像は首と両手が欠けている。これらの塑像は1240年頃の作品といわれる。

マリア像の下をくぐって教会内部に入ると、その空間の大きさに圧倒される。内部構造は三身廊と短い側廊、その十字交差部上には巨大な窓付きの70mの塔が作られている。奥の内陣をめぐる多角形の回廊部分がこの教会の一番古い部分で、12世紀中葉に作られ、回廊奥の柱頭にはロマネスク文様が見られる。

内陣の左手にはグランソン伯オットー1世の墓がある。聖職者ではなく、鎖帷子姿の俗人の墓が内陣にあるのは極めてめずらしい。彼の活躍についてはすでにグランソンの所でふれた(→p.96)。聖堂にはたくさんのステンドグラスが見られるが、大半は19世紀の作品である。もっとも価値のあるステンドグラスは南側廊のバラ窓である。ここには105のメダイヨン(円形装飾)があり、そのうち78は13世紀のもので、初期ゴシックの作品である。題材はキリストの生涯といった宗教的なものではなく、当時のスコラ学にもとづく世界観を映している。中央には世界創造(ただしこの部分は19世紀に復元された)、その周りに四季・月々の生活、黄道十二宮の図などが描かれている。

次に見逃してはならない場所は「使徒門」と呼ばれる南入口の塑像群である。門とはいえ、ここは柱廊玄関(ポーチ)になっていて、その角壁面に四体ずつ塑像がある。これらの塑像は13世紀の作品だが、当時はあざやかな色彩が施されていたので、「彩色門」ともよばれる。十二体ある塑像はモーゼやエレミアなど旧約の予言者像もあり、十二使徒全員の塑像ではないが、使徒門とよばれている。

〈サン・メール城〉

聖堂の北に15世紀初頭に建てられた司教の旧居館**サン・メール城**がある。ベルンの支配下の時代にはここにベルンの代官が居をかまえていたが、現在はカントン庁舎になっていて、内部は見学できない。外壁の前にダヴェル大佐の像がある。彼は1723年にベルンの支配から独立を試み、処刑されたカントン・ヴォーの英雄である。サン・メール城と聖堂の間の地域には古い街並みが見られるが、聖堂から屋根付きの階段を下ったパリュ広場にローザンヌのオ

正義の噴水

テル・ド・ヴィルがある。現在見る姿は17世紀のルネサンス様式に改築されたものである。広場には16世紀の作品である**正義の噴水**がある。駅に戻るにはさらに坂を下らねばならないので、ここで一休みするのが賢明である。

シオン　Sion
―ローヌ渓谷の要衝―

〈シオンの歴史〉

　ローヌ渓谷の要の位置にあるシオンは古くから発展した地域である。フランス語で

シオン(Sion)、ドイツ語でジッテン(Sitten)とよばれる名称はラテン語のセドゥヌム(Sedunum)から由来するが、もともとはラ・テーヌ時代のケルト部族名セドゥーニ族にもとづく。

　ローマ時代はローヌ下流のオクトドゥールム(現在のマルティニ)のほうが重要であって、当初司教もそこに居住していたが、6世紀に司教座はシオンに移った。シオン司教が教会的・政治的に重要になるのは999年にヴァリス(ヴァレー)の伯権力を付与されてからである。当時この地域を支配していたブルグント王はサヴォワ家を筆頭とする世俗諸侯の台頭に苦しんでいた。それに対抗するために国王は司教に世俗の支配権(伯権力)を与えたのである。これによってシオン司教は教会的だけではなく、世俗的にも絶大な権力を持った。おそらく司教はこの頃にヴァレールの丘に城塞を築いたらしい。その後、1168年以前には教会の存在が確認でき、13世紀にかけて典型的な城塞教会が建設されていった。また、教会の脇に

シオンの町

シオンの街並み

116

聖堂参事会員のための建物も建築され、18世紀末まで彼らはここに居住していた。現在は歴史民俗博物館になっている建物である。

〈教会と城と町〉

ヴァレール教会は12世紀初頭から13世紀中期にかけて建設されており、ロマネスク様式からゴシック様式への移行期の様子

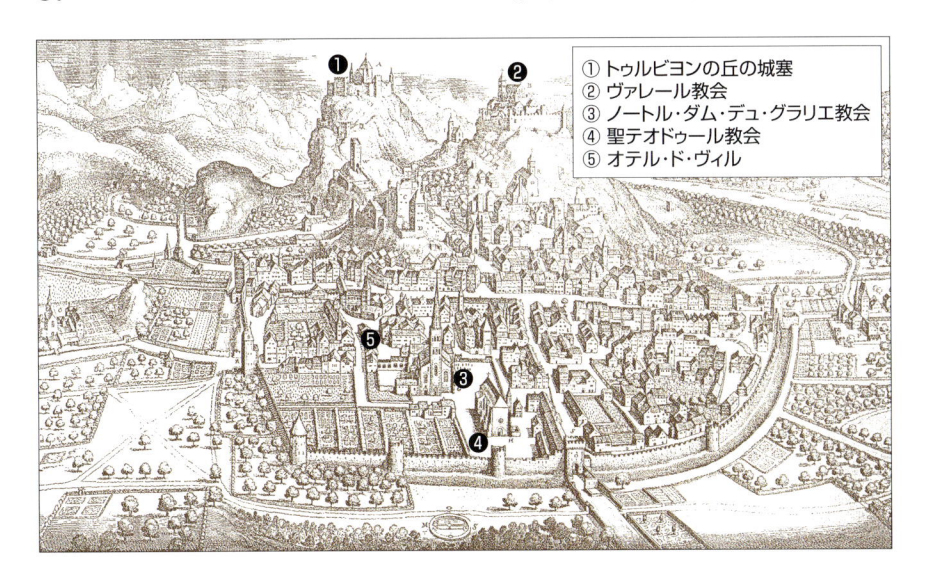

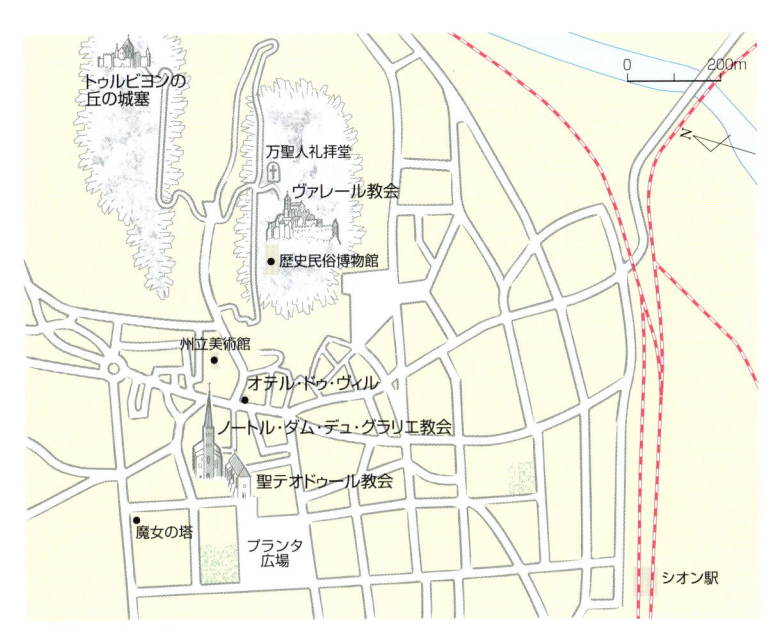

① トゥルビヨンの丘の城塞
② ヴァレール教会
③ ノートル・ダム・デュ・グラリエ教会
④ 聖テオドゥール教会
⑤ オテル・ド・ヴィル

西スイスの都市と修道院

ヴァレール教会(山の上)とノートルダム・デュ・グラリエ教会(中央)

トゥルビヨンの丘の城塞

ヴァレール教会　パイプオルガン

を伝えている。幅広い主身廊、内陣格子など内部はゴシック様式で、外部はロマネスク様式である。主身廊の西壁に備えつけられている小さなパイプオルガンは1390年頃のもので、演奏可能な世界最古のオルガンといわれる。

　ヴァレールの丘に登る途中、左側にヴァレールより高い**トゥルビヨンの丘**が見えるが、その頂(いただき)に大きな**城跡**がある。サヴォワ家がローヌ渓谷を遡り、上ヴァリス支配をつねにねらっていたことに対する築城であった。13世紀末に当時の司教によって建てられ、平和時には司教の夏の宮廷に使われていた。1788年の火災で焼失し、今は写真のような姿になっている。

　シオン司教が絶えずサヴォワ家と戦うには、中世以来、市民・農民の助けを借りなければならなかった。そのために、ヴァリスではツェーンデンとよばれる領域共同体が形成され、政治に参加した。都市シオンも多くの特権を得て、都市の自由を享受できた。

　ヴァレールとトゥルビヨンの丘の麓(ふもと)に広がる町は中世的面影は乏しい。1788年の火災が建物に甚大な被害を与えたし、城壁も1830年に取り壊されている。わずかに**魔女の塔**という名で塔が残されているだけである。町の中の教会もヴァレール教会のような古い趣はない。旧市街の中央に**ノートル・ダム・デュ・グラリエ教会**があるが、1418年に火災に遭っている。現在の建物は15世紀から16世紀初めに再建されたゴシック様式で、火災にたえた塔(鐘楼)だけが12世紀のロマネスク様式である。この教会の脇にある**聖テオドゥール教会**は16世紀初頭にフランボワヤン(火炎)様式のゴシック様式末期の建物である。

　しかし、シオンはヴァレール教会の前にあるテラスから見る眺望は値千金で、これだけのためにでもシオンを訪れるとよい。

118

5. 南東スイスの都市と修道院

　南東スイスに位置するグラウビュンデンとティチーノ地方には中世都市はほとんど成立しなかった。峻厳な山々の地域で渓谷共同体の成立を見、小さな市場町がほとんどであった。例外は司教座のあったクールが都市を形成できた。一方中世初期に峠ルートを押さえる意味で、有力修道院が建立されている。世界文化遺産となっているミュスタイアの他にもディーセンティス、プフェファース修道院などがある。

　アルプスの南側ティチーノ地方は、中世には北イタリアのミラノ公国の勢力がおよんでいた地域である。スイス盟約者団の膨張時代に、スイス諸邦が軍事力で共同支配地に繰り入れた結果、現在スイスのイタリア語圏となっている。この地域の都市は当然のことながらイタリア的雰囲気が漂う。

クール　Chur
―強大な権力を持った司教支配下の都市―

〈クールの歴史〉

　古代ローマ帝国時代、クールは第一ラエティア州の主都であり、アルプス以北でもっとも早く司教座がおかれた。司教は峻厳な岩山の上に城塞をかねる宮廷をかまえ、1170年以降は神聖ローマ帝国の諸侯の地位にあった。クールはシュプリューゲン峠、サン・ベルナルディーノ峠などのアルプス越えルート上の重要な位置を占めており、皇帝はイタリア政策を実施するためにしばしば司教宮廷に逗留し、その見返りに近隣の所領・支配権を司教に多数与えた。こうしてクール司教は絶大な権力を持った。したがって、都市クールの自立は簡単ではなく、やっと15世紀に入って解放闘争は展開した。

　都市クールにとって決定的な転換は1464年の大火であった。大火のあと市民は皇帝から自由特許状を得て、司教から自由となり、翌年にはツンフト市政を樹立した。司教の権力は低下し、1523年の宗教改革でさらに力をそがれた。しかし、バーゼル司教と異なり、都市を去らずに、改革派地域の中で現在も孤塁を守っている。

〈クール市内散策〉

　市内の観光は**ポスト**(郵便局)**広場**から始まる。ポスト広場へはバンホーフシュトラーセ(駅前通り)をまっすぐ行けばよい。六差路になっている広場をグラーベン(お堀)通りが

フォンタナ像

クールの町

横切っている。中世都市時代の堀を埋めた道路で、そこを右に曲がっていくと、道路向こうに**フォンタナ公園**が見える。公園入口に**ベネディクト・フォンタナの戦闘像**がある。フォンタナはウィリアム・テルと並ぶスイスの英雄であったが、その史実性が疑われ、やや人気が落ちている。1499年に彼はカルヴェンの戦いでハプスブルク軍を打ち破りながら、壮烈な戦死をした。彼の顔が向いている方向が旧市街地になるが、このままグラーベン通りを行くと、旧城壁の一部**プルファー塔**が見え、さらに行くと**オーバー門**が見えてくる。現在はその前をクール駅前を出たアローザ行きの電車が通っているが、オーバー門はかつてはプレスール川の橋を渡って市内に入る人と物を監視する門であった。1878年にはこの橋を1日に渡る馬の数は1000頭を超えたという。

オーバー門からオーバー小路に入ると、15〜18世紀の**ツンフト会館**やエルカーのある家々が見出される。そのままオーバー小路を進むと、**マルティン広場**に出る。ここには旧市街の小路が集まってくる。**聖マ**

ルティン教会はカロリング時代に遡るもっとも古い教区教会だが、1464年の火災で焼失し、現在の教会は火災後再建され、1535年に塔が完成している。後期ゴシック様式の建物だが、カトリック時代に再建され、宗教改革後に完成したことになる。この教会で改革者ヨハネス・コマンダーが宗教改革を指導した。したがって、教会内部は質素で、観光の目玉は1918年の改築の折に制作されたジャコメッティのステンドグラス「キリストの誕生」など三面である。

〈司教聖堂〉

聖マルティン教会の裏の階段を登ると、**司教聖堂**に行き着く。司教聖堂はゴシック様式に見えるが、もともとは12〜13世紀(1151〜1272)に長い期間をつうじてロマネスク様式で建設された。内部に入ると、

聖マルティン教会

① 司教聖堂
② 聖マルティン教会
③ ラートハウス
④ プルファー塔
⑤ オーバー門

奇妙な感じがする。建設当時まだカロリング時代の聖堂があり、十分な建設場所が確保されなかったうえに、1170年に諸侯の地位についた司教は途中で聖堂を拡大しようとした。しかし、岩山の上で十分な空間がとれず、地形に合わせて身廊を建設したため、内陣と身廊の軸がずれてしまっている。内陣から聖堂入口を見ると、右に曲がって見えるのである。

聖母子、諸聖人、多数の天使を彫った黄金の主祭壇は、1486〜92年にヤーコプ・ルスによって制作されたものである。身廊にあるその他の祭壇も16世紀初頭の作品であるが、1993年に心ない人によって傷つけられてしまったものがある。

その他とくに見るべきものは石の彫刻であろう。クリプタ(地下礼拝堂)の入口にある4人の使徒像は13世紀初頭のものである。

また、同じ頃の作品である身廊・側廊を支える柱の柱頭にあるさまざまな人物・動物はおもしろい。

入口の左手にあるカタリーナ祭壇のそばにイェルク・イェナチュの墓碑銘がある。三十年戦争の折、グラウビュンデンでも激

南東スイスの都市と修道院

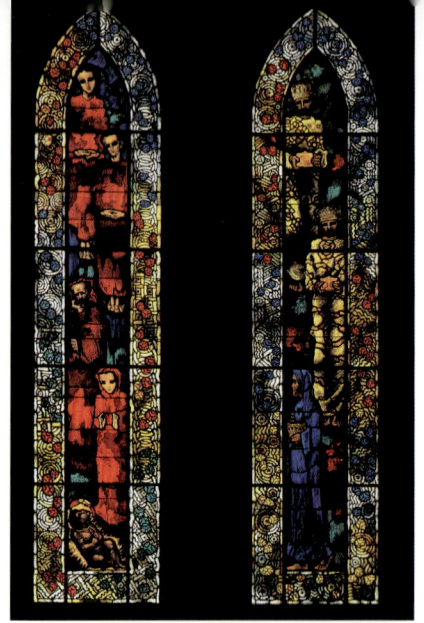

聖マルティン教会内部　ジャコメッティのステンドグラス

司教聖堂

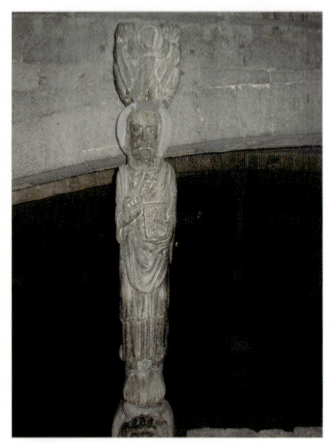

司教聖堂クリプタ入口使徒像

しい戦争があった。グラウビュンデン（正確には、司教領同盟、灰色同盟、十裁判区同盟の三同盟）は共同支配地を持ち、そこで宗派争いをしていた。そうした中で、オーストリアがスペイン軍隊の援軍を求め、自由に通過できるアルプス越えルートの確保をグラウビュンデンに求めてきた。それに対してフランスも介入したので、まさにドイツにおける三十年戦争のミニ版が展開していた。グラウビュンデンのために大活躍した政治家がイェナチュであったが、妬みを買い、クールの町中で1639年に暗殺された。スイス史ではかなり有名な人物である。

　聖堂を出て、ふたたびマルティン広場に戻り、**ラートハウス**に足を向けよう。ラートハウスも1464年の大火後作られたもので、1階には尖塔アーチのある丸天井ホールがあり、外に開かれている。かつてはそこによそから商人たちがやってきて、取引に使われていた場所である。

　こうしてポスト通りを戻れば、振出しのポスト広場になる。

ミュスタイア　Müstair
――秘境の修道院――

〈修道院への道〉

　スイス南東部にスイス唯一の国立公園がある。風光明媚（めいび）な景観を保全することを目的とするのではなく、人間の手を加えず真の自然を保護するための公園である。したがってスイスの他の地域と異なって、公園内をバスで通り抜けると、荒涼とした感じをむしろ受ける。国立公園はツェルネッツという町から行くことになるが、公園を通り過ぎて1時間ほどの行程で歴史的な宿場

サンタ・マリアの町

町サンタ・マリアに着く。そこから歩いて1時間、バスなら数分で秘境の修道院があるミュスタイアに到着する。到着してみれば明るい落ち着いた村で、とても秘境とは感じない。行くには大変不便だというにすぎない。

交通機関の発達した現在こそかえって不便であるが、中世では馬か、徒歩旅行であったので、ここは決して秘境ではなく、交通の要所であった。フォルン峠を経て、ウンブレイル峠に至る要(かなめ)にあたり、イタリア領南ティロールまでわずか1kmしか離れていない。カロリング王家がロンバルディアを支配下に治めると、ここはアルプスを越える重要なポイントとなった。

〈修道院の歴史〉

伝説によれば、カール大帝が**ミュスタイア修道院**を建設したとされるが、かなりの説得性がある。実際には、この近辺の支配者であったクール司教に修道院を建設させ、支配の拠点にしたらしい。

男子修道院として栄えたが、叙任権闘争を経て12世紀初頭には衰退してしまった。そこでクール司教と近隣のタラスプの領主が所領を寄進して、女子修道院に衣替えして現在に至っている。

洗礼者聖ヨハネの名を冠したこの修道院は世界文化遺産に指定されている。中でもみごとなのはキリストや洗礼者聖ヨハネの生涯を描いたカロリング時代のフレスコ画で、教会内の全壁面に赤褐色で描かれており、極めて印象的である。これらのフレス

ミュスタイア風景

南東スイスの都市と修道院 | 123

ミュスタイアの修道院(上)と内部フレスコ画ヘロデ王の祝宴の場(下)

カール大帝像

コ画には、ビザンツや後期ローマの絵画の影響が読み取れるが、いずれにせよ北イタリア・ロンバルディアとの関係が濃いと考えられている。

　女子修道院に衣替えをした12世紀後半に、このカロリング時代のフレスコ画の一部がロマネスク様式の絵にぬりかえられている。時代はミンネザング(騎士の恋愛歌)が盛んになる頃で、宮廷風な叙情詩がもてはやされており、これに呼応して、絵画の色もあざやかになっている。とくに教会の東側にあるアプス(祭室)の上段や円蓋(えんがい)の部分にカロリング時代のフレスコ画があり、下段にロマネスクの絵画が見られ、それらの対比が興味深い。なお、はがされたフレスコ画は修道院に併設されている博物館でその細部を見ることができる。写真は中央アプスに見られるロマネスクの絵画で、ヘロデ王の祝宴の場、サロメが洗礼者ヨハネの首を所望して、盆の上に載(の)せてもらっている所である。

　中央アプスと南側アプスを区切る壁の正面に立つカール大帝像もじっくり見るとよい。ほぼ等身大の像で(187cm)、1165/66年に制作されたと考えられている。神聖ローマ皇帝フリードリヒ1世がカール大帝の遺骨を掘り出し、教皇に列福させたときと関連している可能性はある。像は皇帝の完全な正装姿で、王冠をかぶり、右手に神聖ローマ帝国のシンボルである十字付き球を、左手に笏を持っている。衣服はビザンツ風のマントで、肩の所でフィブラ(飾り針)でとめている。しかし、よく見ると像の脚足の部分は凝灰岩で補修されているのがわかる。1499年のシュヴァーベン戦争のときに、ハプスブルクのマクシミリアン1世軍の襲撃を受けて部分的に破壊されたのである。秘境にあるといわれるこの修道院も戦争とは無縁ではなかった。

ベリンツォーナ　Bellinzona
―アルプス峠への鍵―

〈ベリンツォーナの歴史〉

　北イタリアから北上してくれば、ベリンツォーナはアルプス越えの拠点である。そこはザンクト・ゴットハルト、サン・ベルナルディーノ、ルクマニアの三つのアルプス越えの峠へのルートにあたっている。アルプスの北側から見れば、ベリンツォーナはイタリアへの入口である。陸上交通しか頼れなかった中世では、この地点は要の位置にあり、支配者たちの争奪の的であった。

　神聖ローマ帝国を開いたオットー朝の諸皇帝はアルプス越えのルートを重視し、この地を皇帝に忠実なコーモ司教に委ねた。シュタウフェン朝時代のゲルフ(教皇党)・ギベリン(皇帝党)の争いでも、コーモ司教は基本的にギベリンに与したが、13世紀中頃にはミラノ公国の勢力が強くおよぶようになった。その頃にベリンツォーナの町はグランデ城の東側の隘路状の場所に建設されたらしい。1300年頃に町の東側にある丘の上に第二の城、モンテベーロ城がコーモ地方の貴族ルスカ家によって建設された。

　ミラノ公国をヴィスコンティ家が支配するようになり、1335年にはコーモも占領された。ルスカ家も5年後にヴィスコンティ家の軍門にくだり、ベリンツォーナはおよそ150年間ヴィスコンティ家の支配下に入った。その間、ヴィスコンティ家2代目のジャン・ガレアツォは96年に神聖ローマ皇帝ヴェンツェルから正式にミラノ公位を認められた。しかし、1402年に彼が亡くなると、公国は混乱に陥り、翌年アルベルト・ディ・サッコがベリンツォーナを占拠した。彼は単独でヴィスコンティ家に対

① サッソ・コルバロ城　　③ グランデ城
② モンテベーロ城　　　　④ サン・ピエトロとステファノ参事会教会

南東スイスの都市と修道院

グランデ城(左)とモンテ・ベーロ城(右)

抗できなかったので、ウーリとオプヴァルデンに支援を求めた。アルプスの南側に勢力を伸ばす機会をねらっていたウーリは率先して援軍を送った。しかし、22年にアルベドの戦いに敗れ、ウーリは南進のチャンスをこのときは逃した。こうした北からの脅威に備えて、ヴィスコンティ家はベリンツォーナから南西に600mほど離れた山の上(高さ462m)に城塞塔をまず築き、その後に25×25mの方形のサッソ・コルバロ城を築いた。

1450年ミラノ公位は傭兵隊長であったフランチェスコ・スフォルツァの手に渡るが、スフォルツァ家の支配は半世紀しかもたなかった。98年にルイ12世(在位1498～1515)がフランス国王になると、翌年スイス盟約者団と傭兵契約同盟を結んだ。彼はその年の冬にミラノ公位継承権をかかげてミラノを攻略した。この機会をとらえて、ウーリ、シュヴィーツ、ニートヴァルデンはベリンツォーナを占領した。傭兵の給料支払いを滞らせていたルイは、1503年にアローナ条約によってベリンツォーナをこれらの内陸三邦に割譲することを認めた。この結果、ベリンツォーナは1798年に至るまでこれら三邦の共同支配地となった。

1506年以降1818年までグランデ城はウーリ城、モンテベーロ城はシュヴィーツ城、サッソ・コルバロ城はウンターヴァルデン城とよばれるようになった。

〈町を歩く〉

現在ベリンツォーナはカントン・ティチーノの主都となり、これらの三つの城は2000年11月に世界文化遺産に指定された。この三つの城を全部回るには、駅からバスに乗ってまず**サッソ・コルバロ城**に行き、そこから歩いて下って、**モンテベーロ城**へ行く。次に城壁に沿って下ると、**コレジアータ**(参事会教会)**広場**に行き着く。ここから左手に行った所にある**ノセット広場**のあたりが旧市街地の中心である。コレジアータ広場にはその名が由来する教会がある(正式名、**サン・ピエトロとステファノ参事会教会**)。16世紀初頭にルネサンス様式で建てられたが、内部はバロック様式で、サン・ピエトロとステファノの立像がある主祭壇がある。ノセット広場にはイタリア・ルネサンス様式をまね、中庭にアーチ式の回廊をもつ**ムニチーピオ**(市庁舎)がある。さらに南に下ると**インディペンデンツァ**(独立)**広場**に至る。広場中央に、1803年に共同支配

コレジアータ教会内陣

グランデ城より　手前コレジアータ教会、中腹モンテベール城、山頂サッソ・コルバロ城

地から解放されたことを記念するオベリスクが立ち、その背後のロッコ教会、その背景にはサッソ・コルバロ城が見える。

インディペンデンツィア広場からルガーノ通りを行けば、**サンタ・マリア・デレ・グラツィエ教会**に行ける。15世紀のフランシスコ会の教会で、キリストの生涯を描いた壮大なフレスコ画が見られる。500mも先なので、戻って**グランデ城**に登ろう。コレジアータ広場まで戻ればエレベーターがあるが、ここはじっくり登って中世の城塞を体験しよう。町からわずか50mくらいの登りだが、かなり厳しい。しかし、眼下に旧市街、コレジアータ教会、遠くにサッソ・コルバロ城などを見ながら歩くのは楽しい。登ってしまえば、「白い塔」と「黒い塔」という27mと28mの塔とそれを結ぶ回廊以外城塞らしき雰囲気はない。博物館・レストラン・運動場がそろい、さまざまなグループが行楽を楽しんでいた。ただ壮観なのは城壁で、かつては遠くティチーノ川まで続いていた。

ベリンツォーナはスイスの都市に違いないが、アルプス以北とは違い北イタリアの雰囲気がかなり濃厚である。話されている言葉もイタリア語で、スイスにいてイタリアへきた気分がする。

インディペンデンツァ広場、ロッコ教会

城壁の一部

南東スイスの都市と修道院 | 127

ロカルノ　Locarno
―イタリアの雰囲気が漂う町―

〈ロカルノの歴史〉

　ロカルノはマジョーレ湖北西岸にある標高およそ200mの町で、スイスでは一番標高の低いところにあり、避寒地として有名である。町の歴史は複雑で、ベリンツォーナの場合と同様に北部イタリア(ロンバルディア)の歴史とは切り離せない。コーモ司教、都市コーモの支配を受けたあと、1342年以降ミラノ公国の支配下に入った。1439年以降ルスカ家がヴィスコンティ家からこの地を封として受領した。ヴィスコンティ家が断絶したときに、ルスカ家は自立してコーモを占領しようとして失敗した。ヴィスコンティ家を継いだフランチェスコ・スフォルツァから1451年に信任されて所領を安堵された。

　しかし、ミラノ公国の継承権をかかげて、フランスが進出し大転換が起きる。フランスと傭兵契約同盟をしたスイス盟約者団に攻められ、1512年にスイスに譲渡された。その後、北イタリアではフランスとスイス盟約者団が覇権を争ったが、15年のマリニャーノの戦いで白黒がついた。スイスは敗北したにもかかわらず、16年の和平でロカルノ一帯(ティチーノ)はスイスに帰属することが決定された。こうしてイタリア語圏スイスが生じ、ティチーノはスイス盟約者団の従属邦としてスイス革命までその地位に甘んじた。

ロカルノ　マドンナ・デル・サッソ巡礼教会とマジョーレ湖

〈ヴィスコンティ城〉

　ロカルノ駅を出て、左の方向に下っていくと、ロカルノの中心街**ピアッツァ・グランデ**に出る。ピアッツァ(広場)とはいえ、幅広い通りの感じ。湖を背にパーチェ(平和)通りを左に入ると、1925年のロカルノ条約が結ばれた**パレッツォ・プレトーリオ**(裁判所)に行ける。グランデをそのまま進み、ルスカ通りに入ると、**ヴィスコンティ城**の廃墟が見える。城の存在は10世紀にまで遡れるが、1340年代にヴィスコンティ家が大幅な拡張をおこなった。1439年以降にルスカ家が現存するような城に改築した。多くの塔を備え、難攻不落の構えをしているだけではなく、初期ルネサンス様式のロジア(建物の上階につけた開廊)は美しい姿を示している。

　現在城は市の歴史・考古博物館となっている。博物館には考古学資料が豊富に展示されているだけではなく、ロカルノ条約を解説する部屋もあって、当時使用された椅子・食器などが展示されている。

ヴィスコンティ城

　城のすぐ裏側には**フランシスコ会修道院の教会**がある。1229年に建設されたが、現在の教会は16世紀前半に新たに建設されたものである。内部には16・17世紀のフレスコ画の断片が多数見られる。この修道会に属した修道士バルトロメオが1480年にマリアの再臨を体験したことからマドンナ・デル・サッソ巡礼教会が誕生することになる。

　フランシスコ会修道院からオスペダーレ通りを進むと、聖アントニーノ広場に出る。

南東スイスの都市と修道院

マドンナ・デル・サッソ巡礼教会内部

マドンナ・デル・サッソ巡礼教会への道

聖アントニーノ教会は1354年に建設され、19世紀末に天井が落ち、改築されたが、ここにはイタリア語圏スイスの代表的画家ジュゼッペ・オレリ(1706～76)の「聖アントニウスの恍惚」の傑作がある。

〈マドンナ・デル・サッソ巡礼教会〉

マドンナ・デル・サッソ巡礼教会はロカルノの町から200mほど登った山の先端部分にある。そこから見下ろすロカルノの町とマジョーレ湖は素晴らしい景観である。脚に自信のある人は森に包まれた巡礼の道(「十字架の道」ともよばれる)を登っていくことができるが、ケーブルカーを利用して登り、帰りにゆっくり徒歩で下ってくるほうが賢明であろう。

ケーブルカーの駅は「駅前広場」(ピアッツァ・スタティオーネ)からほど近い川を渡った所にあり、6分ほど乗って終点駅に着く。そこからゆっくりと下ると、オレンジ色の屋根、山吹色の壁の巡礼教会がマジョーレ湖を背景に見えてくる。教会は本来フランシスコ修道会の精神にのっとって質素なものであったが、20世紀初頭に改築されている。基本は巡礼目的になっていて、建物の中には最後の晩餐、キリストの死など聖書の場面がテラコッタで作られた人物群で

ブラマンティーノ「エジプトへの逃避」の祭壇板絵

表されている。妙にリアリスティックな造りになっている。教会内部はバロック様式で飾られているが、大変暗く目を凝らしてみる必要がある。これは中央祭壇のマリア像を浮かび上がらせる工夫であろう。また、右身廊にあるブラマンティーノの「エジプトへの逃避」(1522年)の祭壇板絵は見応えがある。

最後はたくさんある小さな祠を見ながら、「十字架の道」を下りてみよう。また逆に、マドンナ・デル・サッソからロープウェーとスキーリフトを利用して、チメッタ山に登る楽しみもロカルノにはある。

■参考文献

池田光雅『スイス奥の細道　私流・旅の心得』光人社　1998
浮田典良『スイスの風景　スイスに関する80章』ナカニシヤ出版　1999
加太宏介『スイスの旅』昭文社　1993
鈴木光子『スイス』(世界歴史紀行)読売新聞社　1987
土田陽介編『スイス　小さいまち紀行』グラフィック社　1996
森田安一『スイス　歴史から現代へ』刀水書房　1980（三補版1994）
U. イム・ホーフ、森田安一監訳『スイスの歴史』刀水書房　1997
森田安一編『スイス・ベネルクス史』山川出版社　1998
森田安一『物語　スイスの歴史　知恵ある孤高の小国』中央公論新社　2000

Ammann, Georges et al., *Entdecke 10 Schweizer Städte*, Liestal, 1990.

Honan, Mark, *Switzerland*, Victoria, 2000 (3rd edition).

Polyglott Städteführer Schweiz. 89 Städte und Orte mit 117 Illustrationen sowie 21 Karten und Plänen. Einmalige Sonderausgabe, Zürich, 1987.

Reinhardt, Volker, *Handbuch der historischen Stätten. Schweiz und Liechtenstein*, Stuttgart, 1996.

Schlappner, Martin, *Schweizer Kleinstädte. Dreissig Entdeckungsfahrten*, Zürich, 1985.

Switzerland. A Phaidon Cultural Guide with over 600 colour illustrations and 34 pages of maps, Oxford, 1985.

Scweizer Lexikon, 6Bde., Luzern, 1993.

Teller, Matthew, *The Rough Guide to Switzerland*, London, 2000.

Werner, Dorothea, *Zähringer Städte heute*, Freiburg in Breisgau, 1986.

　以上の参考文献よりさらに執筆に役だったのは、Gesellschaft für Schweizerische Kunstgeschichte（スイス美術史協会）がシリーズで出版している『スイス美術案内』であった。都市、教会、修道院、城が個別に詳しく紹介されている。たとえば、

Furrer, Bernhard, *Die Stadt Bern*, Bern, 1994 (Serie 56, Nr. 553-555).
Frey, Peter et al., *Die Habsburg*, Bern, 1999 (Serie 43, Nr. 425).
Loertscher, Gottlieb, *Altstadt Solothurn*, Bern, 1987 (Serie 13, Nr.121).
Müller, Albin et al., *Rheinfelden*, Basel, 1980 (Serie 28, Nr. 276 / 77).
その他多数（これらは現地で購入するか、スイス美術史協会で直接購入できる)。
　またインターネットを利用して各都市のホームページを参照した。

■索引 (赤字は見出し項目のある頁)

●ア行

アヴァンシュ（アウェンティクム）	7,100,114
アウグスティヌス修道院（サン・モーリス教会，フリブール）	56
アウクスト	7
アペンツェル	15,18
アーラウ	76
アラーハイリンゲン（万聖人）修道院（シャフハウゼン）	11,30,33
アラリック	7
有島武郎	30,32
アールガウ	16,76,77,81,83
アレマン公国	8
イヴェルドン・レ・バン	98,99
イエズス会教会（ゾーロトゥルン）	68
ヴァッサー教会（チューリヒ）	23,27
ヴァディアン，ヨアヒム	39,40
ヴァリス（ヴァレー）	17
ヴァレール教会（シオン）	117,118
ヴィスコンティ家	125,128,129
ヴィスコンティ城	129
ヴィンディシュ（ウィンドニッサ）	7,80-82
ヴォー	16,95
ウーリ	12,22
ウンターヴァルデン	12,18
ウンブレイル峠	123
エコランバディウス	42,49
エッシェンバハ家	11,50
エッシャー，アルフレート	20
エラスムス	44,49
エリーザベト	80
エルズワース，リンカーン	76
エンゲ・ハルプインゼル	6
黄金牛亭（ツム・ゴールデネン・オクセン，シャフハウゼン）	31
オレリ，ジュゼッペ	130

●カ行

カエサル	6,7,82,112
カペル戦争	16
カペル橋（ルツェルン）	72,73
カルヴァン	94,111-113
カルヴェンの戦い	15,120
カール大帝	8,28,76,109,123
ギーガー，H・R	99
騎士の家（シャフハウゼン）	32
キーブルク家	11,52,56,76,78,78,84
金鷲亭（ルツェルン）	74
グラウビュンデン	8,16,122
グラールス	12
グラン・サン・ベルナール峠	100,106
グランソン（城）	96-98,115
グランソン家	97
グランソンの戦い	14,66,98
グランデ城（ウーリ城，ベリンツォーナ）	126,127
グリュイエール（城）	101-103
クール	12,119-122
グロースミュンスター（チューリヒ）	23,25,27,28
ゲーテ	74
ケーニヒスフェルデン修道院	80,81
ケラー，ゴットフリート	25
ケルト人	6-8,22,88
ゴットヘルフ，イェレミーアス	65
コルンパヌス	8,90,95
コンドリエ教会（フリブール）	55
コンラート	51

●サ行

サヴォワ家	11,12,52,58,66,86,98,102, 104,107,109,110,113,114,116
サッソ・コルバロ城（ウンターヴァルデン城，ベリンツォーナ）	126,127
ザンクト・ガレン（修道院）	8,11,16,20,38-40
ザンクト・ゴットハルト峠	72,125
ザンクト・ペーター教会（チューリヒ）	23
サン・ジェルマン教会（ジュネーヴ）	113
参事会教会（ヌシャテル）	94,96
サン・ジュスト礼拝堂（フリブール）	57
サンタ・マリア・デレ・グラツィエ教会（ベリンツォーナ）	127
サン・テュルサンヌ	90-92
サン・ニコラ聖堂（フリブール）	54,55
サン・ピエトロとステファノ参事会教会（ベリンツォーナ）	127
サン・ピエール聖堂（ジュネーヴ）	8,111
サン・ベルナルディーノ峠	119,125
サン・メール城（ローザンヌ）	115
サン・モーリス修道院	8,95,106,108,109
シオン	10,86,116-118
ジギスムント	8,79,95,109
司教聖堂（クール）	120-122
シャガール，マルク	24
ジャコメッティ，アウグスト	24,29,120
シャフハウゼン	11,15,20,30-33,36
シュヴァーベン戦争	15
シュヴィーツ	12
シュタイン・アム・ライン	11,20,30,34-37
シュタイン城（バーデン）	83
シュタウフェン家	50,77
ジュネーヴ	7,8,10,15,17,86,103,110-113
ジュネーヴ大学	113
シュパーブ博物館	88
シュプリューゲン峠	119
シュプロイ橋（ルツェルン）	73,74
ジュラ（山脈，地方）	6,10,11,65,86,95,97,112
シヨン城	98,106,107

スイス盟約者団	12,14,15,33,36,39,53,58,67,77, 79,81,83,85,86,87,96,111,119,128
ズールゼー	76
聖ウルス聖堂（ゾーロトゥルン）	68
聖ウルスラ礼拝堂（バーゼル）	46
聖ゲオルク修道院（シュタイン・アム・ライン）	11,35,36
聖テオデュール教会（グリュイエール）	102
聖フランシスコ・ザビエル教会（ルツェルン）	73
聖ブランダン礼拝堂（バーゼル）	46
聖ベネディクト教会（ビール）	87
聖マルティン教会（クール）	120
聖マルティン教会（ラインフェルデン）	51
聖ヨハネ教会（シャフハウゼン）	32
ゼンパハの戦い	52,79,81
ゾーロトゥルン	15,66-70,87
ゾーロトゥルン美術館	70

●タ行

タヴェル邸（ジュネーヴ）	112
ダン・デュ・ミディ	106,108
チューリヒ	7,9,12,20-29,36,39,74,111
チューリヒ湖	20,29
チューリヒ大学	22,29
ツヴィングリ	24,27,29,37,40,62,85
ツーク	12,76
ツェーリンゲン家	11,35,50-52,58,60,66,67,69,76
ツェルネッツ	122
ツボフ財団博物館（ジュネーヴ）	112
ディーセンティス修道院	119
ティチーノ	16
デュペルの館	92
デュペル，ピエール・アレクサンドル	92,93
テル，ウィリアム	14,120
ドイツ教会（ムルテン）	65
トゥールガウ	15,16,84
トゥルビヨンの丘	118
トゥーン	11
ドルナハの戦い	15,118

●ナ行

ナポレオン	16,88
ナンシーの戦い	14
ニーデック城（ベルン）	58,60
ニヨン	7
ヌシャテル	15,17,92-96
ヌシャテル湖	6,92,94,96
ヌシャテル城	94
ネレンブルク家	30,83
ノートル・ダム教会（イヴェルドン・レ・バン）	99
ノートル・ダム聖堂（ローザンヌ）	97,114,115

●ハ行

パイエルヌ修道院	100,101
バイロン	107

ハインリヒ2世	34,41,44,48
ハインリヒ3世	30
ハインリヒ4世	50
白鳥亭（ツム・シュヴァーネン・シャフハウゼン）	32
バスティオン公園（ジュネーヴ）	113
バーゼル	7,10,15,18,20,40-49,74,86,87
バーゼル大学	45,47
バーデン	76,82,83
ハプスブルク家	11,12,14,15,22,30,33,36,37,44,51, 52,66,72,76,77-79,80,83,85,98,120,124
ハプスブルク城	78,79
バラ公園（ベルン）	58
ピカソ美術館	74
被昇天聖母教会（ロモーン）	104,105
ピラートゥス山	71,72
ビール／ビエンヌ	15,86-88
ビール湖	88
ファレル，ギヨーム	94
フィーアヴァルトシュテット湖	70,72,74
フィルメルゲン戦争	16
フォルン峠	123
フォンタナ公園（クール）	120
フォンタナ，ベネディクト	119,120
フッガー家	98
プフェファース修道院	119
フラウエンフェルト（城）	15,76,84,85
フラウミュンスター（チューリヒ）	9,23,24
プランクス，ムナティウス	7,49
フランス教会（ベルン）	64
フランス教会（ムルテン）	65
ブラント，ゼバスティアン	45
フリードリヒ1世（赤髭王）	77,124
フリブール／フライブルク	11,15,52-57,87,98, 100,102-104,114
ブリンガー，ハインリヒ	29
ブルグドルフ	11
ブルグント王国	8,10,50,67,86,92,95,97,100,110,116
ブルゴーニュ戦争	14,52,65,66,87,98,99,110
ブレムガルデン	76
ペスタロッチ	20,98,99
ペーター教会（バーゼル）	46,47
ベリンツォーナ	17,125-127
ヘルウェティイ（ヘルウェティア）	6-8,16
ベルトルト2世	50,51
ベルトルト4世	51
ベルトルト5世	59
ベルン	6,11,12,17,58-65,81,86, 87,98,99,106,111,114,115
ベルン美術館	64
ホーエンクリンゲン家	35
ホーエンクリンゲン城	34,36
ボーデン湖	6,35,38
ホーフ教会（ルツェルン）	74,75
ポラントリュイ	88-92

●マ行

マクシミリアン1世	15,40,98,124
マジョーレ湖	128
マドンナ・デル・サッソ巡礼教会（ロカルノ）	130
マリニャーノの戦い	128
マルティン教会（バーゼル）	45
ミュスタイア（修道院）	8,9,119,122-124
ミュンスター（バーゼル）	40-44
ミュンスター（聖ヴィンツェンツ大聖堂，ベルン）	60,62,63
ムーゼック城（ルツェルン）	74
ムノート城	33
ムルテン／モラ	11,54,65,66,100
ムルテン湖	65,100
ムルテンの戦い	14,36,53,66,102
ムールバハ修道院	11,75
モンテベーロ城（シュヴィーツ城，ベリンツォーナ）	126,127

●ヤ行

薬学博物館（バーゼル）	48
ユートピア博物館（イヴェルドン・レ・バン）	99

●ラ行

ライヒェナウ修道院	84
ラインの滝	30
ラインフェルデン	50-52
ラ・テーヌ	6,116
リスト，フランツ	103
リューベンロッホ（ムルテン）	66
リンデンホーフの丘（チューリヒ）	22,23
ルクマニア峠	125
ルスカ家	125,128
ルソー，ジャン・ジャック	93,112,113
ルツェルン	11,12,70-75
ルードヴィヒ・ドイツ王	22
ルードルフ1世	44,51,66,77,78,85,88
レーニン	26
レマン湖	6,7,10,86,106,111,112,114
レンツブルク（城）	76,77
レンツブルク家	76,83
連邦工科大学（チューリヒ）	22,29
ロカルノ	128-130
ローザンヌ	10,86,95,98,114-116
ロタール1世	75
ローテンブルガーハウス	75
ロマンモティエ修道院	95
ロモーン	103-105
ロレット礼拝堂（フリブール）	57

執筆者紹介

森田　安一　もりた　やすかず
1940年生。東京大学大学院人文科学研究科博士課程中退。
現在、日本女子大学文学部教授。博士（文学）。
主要著書：『スイス――歴史から現代』（刀水書房　1980）、『スイス中世都市史研究』（山川出版社　1991）、『ルターの首引き猫――木版画で読む宗教改革』（山川出版社　1993）、『新版世界各国史　スイス・ベネルクス史』（編著、山川出版社　1998）、『スイスの歴史と文化』（編著、刀水書房　1999）、『物語スイスの歴史』（中央公論新社　2000）

出典一覧

Altendorf, H.-D und Jezler, P.(hrsg.), *Bilderstreit. Kulturwandel in Zwinglis Reformation*, Zürich, 1984, S.22.　　　　　　　　　　　　　　62

Merian, M. *Die schönsten Städte der Schweiz*, Hamburg, 1965.
　　　　　　　　　　31, 34, 39, 43, 53, 59, 67, 71, 76, 79, 82, 84,
　　　　　　　　　　87, 93, 95, 108, 110, 114, 117, 121, 125

Widmer, *Zürich : Eine Kulturgeschichte*, Zürich, 1975, S.100.　　　24

スイス政府観光局／Swiss-Image.ch　　6, 9, 11中・下, 13, 20中, 23, 38左, 67, 96左上,
　　　　　　　　　　　　　　　　　106, 115,116左, 120左, 122中, 126, 129

Sennhauser-Girand, Marèse et al., *Das Benediktinerinnenkloster st. Johann in Müstair, Granbünden*. Bern, 1986, S.27.　　　　　124

世界歴史の旅　スイス　中世都市の旅

2003年11月15日　1版1刷　印刷
2003年11月25日　1版1刷　発行

著　者　　森田安一
発行者　　野澤伸平
発行所　　株式会社　山川出版社
　　　　　〒101-0047　東京都千代田区内神田1-13-13
　　　　　電話　03(3293)8131(営業)　8134(編集)
　　　　　http://www.yamakawa.co.jp/
　　　　　振替　00120-9-43993
印刷所　　岡村印刷工業株式会社
製本所　　株式会社手塚製本所
装　幀　　菊地信義
本文レイアウト　　佐藤裕久

©2003 Printed in Japan　　ISBN 4-634-63320-5
●造本には十分注意しておりますが、万一、乱丁本などがございましたら、小社営業部宛にお送りください。送料小社負担にてお取り替えいたします。
●定価はカバーに表示してあります。

シリーズ　世界歴史の旅

知を求めて旅をする…
世界各地を、国、地域、もしくはテーマごとにまとめた本格的歴史ガイドブック。じっくりと歴史の旅を味わえる、格好のシリーズです。　　A5判　本体2300円〜2800円（税別）

フランス・ロマネスク　　　　　饗庭孝男　著・写真

北インド　辛島昇　坂田貞二 編　大村次郷 写真

南インド　辛島昇　坂田貞二 編　大村次郷 写真

トルコ　　　　　　大村幸弘 著　大村次郷 写真

ドイツ　【古都と古城と聖堂】魚住昌良 著

スコットランド　　　　　　　　富田理恵 著

スペイン　　　　関哲行 編　中山瞭 写真

ギリシア　　　　　　　　　　周藤芳幸 編

パリ　【建築と都市】　　　周藤芳幸 編

スイス　【中世都市の旅】　　森田安一 著